U0038536

華裘之蚤

晚清高官的日常煩惱

張劍——著

三民書局

自序

曾國藩在直隸總督任上視察地方時，某晚苦於臭蟲相擾不得入睡，遂將杜牧的兩句詩「公道世間唯白髮，貴人頭上不曾饒」，改為：

獨有臭蟲忘勢利，貴人頭上不曾饒。

張愛玲十八歲時發表的散文〈天才夢〉，被她視為自己文學生涯的「處女作」，裡面有句話經常為人引用：

生命是一襲華美的袍，爬滿了蚤子。

曾國藩的話寫實而又詼諧，張愛玲的話詩意而又智慧，它們啟發了本書的書名。《詩．鄭風．羔裘》：「羔裘如濡，洵直且侯。」羔裘為古時諸侯、卿、大夫的朝服，也許用「羔裘」形容高官更切近，但我喜愛張愛玲的這句話，還是覺得用「華袞」更滿意一些。張愛玲的祖母李菊耦是李鴻章的長女，而李鴻章又是曾國藩的得意門生，曾、張之間也算有一種因緣在。

這本小書主要敘述晚清高官們的日常煩惱，自然氣候、社會環境、人際關係、柴米油鹽、生理疾病乃至心靈歸宿等等，都可以成為煩惱的源泉。書中所寫自然是掛一漏萬，但畢竟展現了那一時代大人物的另外一面；希望它帶給讀者的不僅僅是獵奇，更是可以拉近大人物與普通人的距離，讓普通人了解大人物的普通之處；也許，當「榜樣」走下神壇，成為我們身邊之人時，人們希聖希賢的勇氣反而會大大增加。

目次 | *Contents*

第一章

居鄉誠不易：《何汝霖日記》中的鄉居生活

京城居，大不易。在人們印象中，京城生活成本高，生存壓力大，似乎米珠薪桂，想要體面地生活確屬不易。但是，即使在親友眾多，風土人情較為熟悉的家鄉，想要體面地生活，難道就是容易的事嗎？我們不妨以晚清軍機大臣何汝霖的日記❶為例，具體討論這個問題。

何汝霖（一七八一—一八五三）❷，字雨人，江寧（南京）❸上元人。嘉慶十八年，三十三歲時始得拔貢；道光五年，四十五歲時始中舉人；充軍機章京，累遷都水司郎中；歷內閣侍讀學士、大理寺少卿；道光二十年，六十歲時命在軍機大臣上行走，歷宗人府丞、副都御史；道

---

❶ 本文所引何汝霖日記文本，均來自張劍、鄭園整理《晚清軍機大臣日記五種》，中華書局二〇一九年版。

❷ 據何汝霖《知所止齋自訂年譜》（《北京圖書館藏珍本年譜叢刊》第一三七冊，北京圖書館出版社一九九九年版），何汝霖生於乾隆四十六年六月十三日（西曆一七八一年八月二日），卒於咸豐二年十二月初四日（西曆一八五三年一月十二日）。

❸ 順治二年清朝將南京改名江寧，本文為了名稱統一，正文均稱「江寧」。

光二十五年擢兵部尚書；道光二十七年五月丁母憂，回鄉守制；道光二十九年八月服闋，命以一品頂戴署禮部侍郎，尋署戶部尚書，仍直軍機處，授禮部尚書。以病卒。

何汝霖所遺兩冊日記手稿，現藏於上海圖書館。一冊封面題「日記丁未年八月十二日起至戊申年十二月二十九日，上冊」，一〇六頁，藍格，每半頁九行；一冊封面題「日記己酉年元旦至八月十四日止，下冊」，七九頁，藍格，每半頁九行。時間為道光二十七年丁未至道光二十九年己酉其回籍守制時期，內容皆居鄉時的一己見聞與感受，本色自然，極具性情，真實展現出一位達官顯貴的鄉居生活，具有豐富的史料價值。比如他用較大篇幅和較多細節討論在其他史料中難以接觸到的基層人物（僕人、塾師、市井親友等），是重要的社會史和生活史資料；他以每日記錄天氣、水況的方式，為道光年間兩次最大的水災留下了詳盡珍貴的氣象學、水利學、災害學數據；他對江蘇吏治敗壞和紳風不競的無情揭露，也具有重要的政治史和地方文化史意義。作者個性直率，臧否人物毫不掩飾留情，兼之他有將家信內容摘錄於日記中的習慣，故所記遠較一般日記細微詳實、形象生動，某種程度上可以說，這是一部比小說都精彩的日記。可惜因為字跡極度潦草，難以辨識，故長期未能為人有效利用。

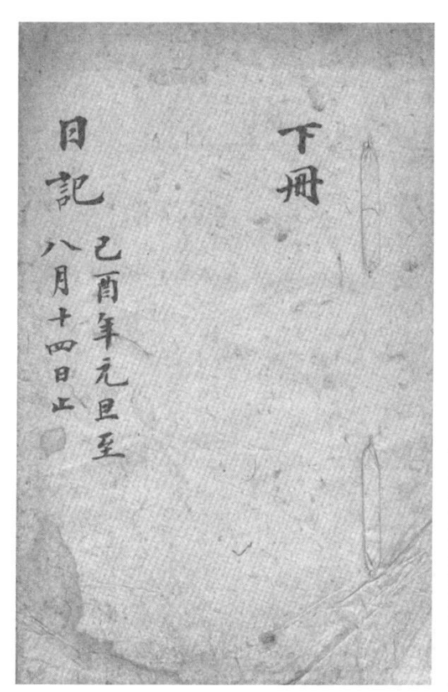

《何汝霖日記》下冊封面

《何汝霖日記》上冊封面

一　僕人與塾師帶來的煩惱

道光二十七年五月，何汝霖的母親丁太夫人以九十高壽仙逝，身為軍機大臣、兵部尚書的何汝霖扶柩回到家鄉江寧守制，隨行人員有妾陳氏、年方七歲的三子定保（學名兆濂，陳氏所出）、三弟何汝舟（號蓮仙）、表侄蔡右臣（兒媳蔡氏之弟），男僕溫和、劉福、李順、李升等，以及兩位女僕劉嫗和徐嫗❹。

劉嫗和徐嫗關係不睦，互不理睬。何汝霖記云：「二人自去年上船後即不交一言，吃飯亦不同案，住亦兩屋，豈不可笑。」（二十八年九月三十日）在何氏心目中，劉嫗「老穩」，且會做菜，時受誇獎，「劉嫗自疊元宵，頗可口，又作炸醬亦好」（二十八年十月十二日）。而對徐嫗，何氏則幾無一處讚語：

> 徐嫗多言而燥，嘵嘵不休，令人生厭，而其作事尚不過滑，故可容之。（二十八年三月初五日）
>
> 恨徐嫗多嘴多事之病，日甚一日，且與定兒時時拌舌，聞之生厭，驅之不能，惟有忍氣受之而已。（二十八年六月初二日）

徐嫗高聲亂嚷，且與定保見則喧鬧，毫無忌憚。伊母忍之，昨幾成氣臌，服藥多劑乃漸好，奈何奈何！且人家老婆子來，彼必無所不說，生出無窮口舌，寓中男家人事，彼必多管，亂出主意，動則口稱要回京，幾乎將我氣壞。忍之萬分，愈覺揚氣。最與大陳桂之陳嫂合式，來必談至半天方去。陳嫂之在我家，從前慣說是非，可以想見矣。（二十八年七月初一日）

何汝霖所說家鄉的「陳嫂」，和徐嫗一樣，都是愛搬弄是非的長舌婦，以前在何家還差點惹出人命來❺，徐、陳兩個老媽子湊在一起，家中自然雞飛狗跳，不得安寧。但就是對這位愛搬弄是非的多嘴女傭，雖然其「謬醜日甚」，幾乎將人氣壞，何汝霖也只是「忍之而已」（二十八年九月三十日）。

對於男僕溫和的毛病，何汝霖也同樣隱忍，長子何兆瀛早就提醒他：「溫和之任性種種

---

❹人物名字及關係據日記及《知所止齋自訂年譜》推知。

❺上海圖書館藏何兆瀛《家書彙存》「申字十九號」（道光二十八年七月二十九）家書載：「徐嫗多嘴多事，殊為可厭。陳嫗猶在人間，亦屬奇事，伊前在吾家挑弄是非，幾乎釀出人命事來，此番猶有老臉進門，尤屬奇事。」

徐嫗高聲亂嚷（《何汝霖日記》道光二十八年七月初一日）

有之，此人必須善為駕馭，面有惡骨，目光太橫，想大人必早鑒及之。」❻當何汝霖從另一男僕李升處聽說「所有年來溫和之霸道跋扈混賬」時，也曾「悔恨難名」（二十八年六月十九日），但由於何家內外雜務溫和頗為得力，何汝霖不得不予以遷就，直至道光二十九年回京時，仍是溫和在打理雇車等出行雜務。對於僕人們的訴求，何汝霖還盡量予以滿足。如李升「訴云伊家一年以來事故多而變產負債甚重，必回去一行，年內回南」，何汝霖不僅「不便力阻其行」（二十八年六月初十日），而且為其如何回京費力謀劃：「回拜傅繼勛太守，託帶李升回京。」（二十八年六月十六日）何汝霖報送母喪的訃書，因李順負責的門房「遺漏多多，致訃書一無所告」，何對李順略加申斥，李順「遂決意請去」（二十七年十一月二十五日），這和徐嫗「動則口稱要回京」一樣，都是下人自尊而又任性的反映，對此何氏也只是在日記中書寫一句「真昧良也」（二十七年十一月二十五日）了事。

在何氏日記中，這些僕人絕非一個個抽象的低賤符號，而是皆具性情、各有脾氣的活生生的人。對於他們，何汝霖常常私下大發牢騷，表面還得表現出「忍」字工夫。這一方面也許體現出何汝霖的君子雅量和儒家的「仁愛」思想，一方面可能也因當時社會制度與風俗使

❻ 何兆瀛《家書彙存》道光二十七年九月家書。

然。明清時期，隨著商品經濟的發展，雇傭現象較前代更為普遍。在那種世代服役、無獨立人格的奴婢制之外，還需要對大量出現的雖有「主僕名分」、但人身依附不強的雇工人❼做出相關的制度性規定。明代雇工人社會地位已較唐代部曲為高，至清代進一步明確規定：

雇工人不過受人雇值，為人執役耳，賤其事未賤其身，雇值滿日，即家長亦同凡人，與終身之奴婢之不同。然現在工役之日，與家長之親屬亦有名分，雖異於奴婢，亦不得同於凡人❽。

徐嫗、劉嫗、溫和、李升、李順等長期在何家服役，顯然屬於有「主僕名分」但期滿即獲自由的雇工人，何汝霖自然不便輕「賤其身」。

而對於那種至少名義上和自己同屬士階層的塾師，由於「師」在禮教序列中的地位尊崇，何汝霖更要表現出非常的禮遇。

何汝霖特別重視子女教育，回鄉丁憂的兩年多時間裡，他先後為兒子定保聘請過三位塾師。道光二十七年十月十七日，何汝霖抵達江寧，借寓党公巷陸氏宅，十月二十五日，第一位受聘的塾師王竹礽（竹仁、竹人）即已進館授讀，可謂神速。

王竹礽教讀定保，直至道光二十七年十二月二十七日始放假，而次年正月十一日即開館，時間抓得很緊。剛開始時他只教授定保一人，道光二十八年正月十九日，何汝霖十九歲的侄孫承祺（渭漁次子）亦來附學。對於脩金，何汝霖較為大方，其道光二十八年四月二十九日記云：

> 為承祺送竹人午節脩金五兩，合之定保每月五兩，是年共七十五兩，益以節敬三次共六兩，已得八十一兩矣，似不為薄矣。

定保一人每年學費合計六十六兩，承祺附學，僅送三節節敬計十五兩，合計八十一兩，這一待遇確「不為薄」。在成書於乾隆前期的《儒林外史》中，坐館薛家集的周進每年脩金只有十二兩銀子，虞博士坐館楊家，待遇較優，每年也只有三十兩銀子。當然物價一般愈後愈貴，乾隆年間塾師的脩金也許說服力不夠；那麼咸豐九年十二月十八日，莫友芝致其弟莫祥芝的信似乎更能說明問題：

---

❼ 清代雇工分類及身分問題，可參黃冕堂〈清代「雇工人」問題考釋〉，《社會科學戰線》一九八八年第一期。

❽ 《大清律例彙輯便覽》卷二十七〈刑律．鬥毆上〉「良賤相毆」條「輯注」，清同治刊本，第十九冊，第五九頁。

> 我亦何樂而住京哉？必欲住京，即須有每月七八兩之館。京城閑士甚多，大約以二兩一月至四至六已是特出。即有人就，我就之即不足用，所以難謀❾。

即使到了咸豐末年，而且是在物價昂貴的京城，一般館師每月也只有二兩脩金。徐梓〈明清時期塾師的收入〉一文曾據宗譜列舉清代中後期較富庶的江浙一帶支付塾師脩金的情形，高者每年七十二千文，低者每年二十千文，平均每年四十二兩左右（共統計十一家）❿。那些不是去家塾坐館，而是自開蒙館的普通秀才，收入可能更為可憐和不固定。據劉大鵬的《退想齋日記》，光緒年間，每個學生一年給束脩一千六百文，一年收入大約在十千到二十千之間⓫。看來道光二十八年的何汝霖能支付館師每年八十一兩的脩金，算得上待遇較優了。

王竹礽教授得法，何汝霖與之相處較為愉快，賓主之間不僅經常談文論藝，而且王竹礽還能幫何汝霖料理一些家務，甚至為之捉刀代筆⓬。但好景不長，道光二十八年九月二十四日，王竹礽因病重不幸去世。

僅過了七八天，何汝霖就聘請到第二位塾師夏家銑，並於十月初三正式開館。

夏家銑（一八二四—一八五三），字季質，上元附生⓭，其家與何氏頗有淵源。夏家銑的伯父名夏塏（一七九五—一八六二），字子儀，道光十一年舉人，有《信天閣詩草》四卷；夏家銑的父親名夏塽（一七九六—一八四三），字子俊，號去疾，道光十五年舉人，有《篆枚堂詩存》五卷⓮。夏、何同為江寧望族，關係密切。何汝霖自訂年譜時曾深情回憶：

---

❾《莫友芝全集》第六冊，中華書局二〇一七年版，第五八二頁。

❿徐梓〈明清時期塾師的收入〉，《中國社會經濟史研究》二〇〇六年第二期。

⓫劉大鵬是舉人出身，又在山西富商家坐館，故每年脩金有二百多兩，這只是可期不可遇的特例而已。

⓬《何汝霖日記》道光二十八年七月初七：「顧小世兄送彥和小照索題，交竹人捉刀，作五古一律予之。」

⓭張熙亭《金陵文徵小傳彙刊》（光緒二年丙子版）：「夏家銑，字季質，上元附生，幼有夙慧，讀書如瓶瀉水，體素弱，不能攻苦，而下筆為文自成片段，有聲譽序間，癸丑殉難最烈，年甫三十，可惜也。」據《同治上江兩縣志》卷十九上〈忠義〉，夏家銑係「作詩罵賊」被殺。陳澹然撰《江表忠略》（光緒版）卷十三詳載其事：「（咸豐）四年春，寇以〈四海有東王〉試士……（銑）發憤托諸詩，於是秀清大怒，則令偽丞相鞫其黨，討焉，銑大言曰：『我何黨，列聖賢書者皆吾黨也。』舉硯擲丞相，中額……銑死，詩絕痛。」《清史稿．忠義傳》云「城陷，賊挾充書記，作詩罵賊，賊搜得之」，並云其參與了咸豐四年二月張繼庚、金和等人謀為內應，獻城官軍之舉。故其死難之時當在咸豐四年。

⓮夏氏生平簡介據柯愈春《清人詩文集總目提要》中冊，北京古籍出版社二〇〇一年版。

道光十三年：「癸巳五十三歲，八月孫承禧生。補方略館纂修官。夏子儀孝廉塏來館於吾家，孝廉為余諸生時受業弟子，學問淵雅，人品純粹，因命男兆瀛受業，兩世互為師弟，亦佳話也。」

道光十八年：「戊戌五十八歲，十二月轉太常寺少卿，歲暮大祀駿奔，襄事虔恪，惟恐失墜。是年子儀之弟子俊孝廉塽，亦余受業弟子，禮闈後留京過夏，因館於余家，命孫承禧從受業，於是三世皆有師弟淵源矣。時孫六歲，讀《爾雅》能成誦，子俊教以四聲之學，亦知領悟，子俊枕經葄史，所為制藝神韻才氣俱不乏，詞賦亦臻名大家，古近體初學溫飛卿，後乃瓣香李杜，醫其家學，餘技也。」⑮

夏家銑的伯父夏塏曾教授何汝霖的長子何兆瀛，其父夏塽又教授何兆瀛的兒子何承禧，且較為成功，如今夏家銑又教授何汝霖的三子定保，這真是一段佳話。遺憾的是，夏家銑的表現令人大跌眼鏡，道光二十八年十二月初十日何汝霖記云：「季質改詩與對，吃力而笨，去竹人遠矣。」十二月二十五日，塾館放年假的前一天，何汝霖與夏家銑商量來年是否可於正月初六開學，遭到夏的反對，要求延至正月十三日：「季質頗以正月初六開館為太早，勉從所訂十三矣。此公不受商量，令人想竹礽不置，而又不便再延一人，忍之而已。」（二十八年十二月二十五日）到了來年開館之日，夏又以哮喘為託辭，託何兆瀛妻弟蔡右臣代課數日：「季質先不以初六開館為然，自訂十三，今早又字致右臣，以發吼為詞，囑右臣代權數日，而右臣則云連日遊於南北郊，意在過燈節再來。此子大不講理，且於伊父在京吾家代辦各事以話餂之，總無一語提及，真不懂事，大非子儀、子俊可比，洵可嘆也。」（二十九年正月十三日）蔡右臣亦不情願，遂告知何汝霖，夏家銚其實連日縱遊南北郊，是想元宵節過後再來。被洩了底的夏家銚不得不於道光二十九年正月十四日開館，但其漫不經心的表現令何汝霖大為不滿：

> 夏老四來館，似未發吼。申刻又去假，云晚間畏風，真脾氣也。（正月十四日）
>
> 夏先生巳正三甫到，未正即又飄然而去。功課全不過問，十三乃其自訂，又不肯照常，何其妄謬如是。且定保分本世叔，呼名則可，乃直呼曰定保，狂態可掬，似子儀、子俊且不肯如是，其高自位置乃爾。（正月十五日）

---

⑮ 何汝霖《知所止齋自訂年譜》，《北京圖書館藏珍本年譜叢刊》第一三七冊，北京圖書館出版社一九九九年版。

> 夏先生今日來了一日，初念晚書，戌初仍急急散去，可笑可笑。（正月十六日）
>
> 夏老四又飄然而去，不解所謂。（正月二十二日）
>
> 春帆來，託其向夏老四宛商館事，宜嚴，不宜多曠。（正月二十三日）

至正月二十八日，夏家銑又因故請假，何汝霖遂抽空檢查定保的學習效果，結果令其憤怒異常：

> 夏老四因其三嫂物故，未來館，因令定保理〈曲禮下〉三四頁。午後才背，生如未念過者，已覺可詫，而每句數字，每一二字下，俱帶一惡俗骿字眼，直是門館習氣，令人不耐聽。此承祺所染也，責至二三十板，承祺乃云，原議定保生書五十遍才背，此公每書不准過十遍，即催索來背，之後再加二三遍，即已了局。其字外咿啞之聲，的係背時記不真切，故故作停頓，好想下半句也。夏老四可謂喪心病狂，前已面訂非五十遍不可背，何竟如是。真令人氣悶欲死。子俊不應有此子，全無心肝，狂態可厭。且任勸不受，竟無藥可救矣。其館原係論月，只好分手，再商另請一位了。渠列館四個月，所讀之書，全不記得。其誤人不淺，萬難將就。十數年北邊所請西席，從無此等荒唐者。「坐不住」三字，可以包括。正月整日在館不及十日。（正月二十八日）

正月三十日，夏氏仍未到館。何汝霖無法忍受，遂將之解館。事情過了兩天，何汝霖對之仍耿耿於懷：「愈覺夏老四之累人不淺，可恨可恨。」（二月初三日）咸豐三年，太平軍攻陷江寧，次年夏家銑遭亂而死，結局很是不幸。

第三位塾師是龔古愚（古餘）。道光二十九年二月初二日下聘，二月初四即開館，何汝霖對龔初步印象不錯：「古餘先生來館，其人老練而和，真一老教書者。所說字字中款，似靠得住。」（二月初四日）

但「老練」有可能世故，「和」有可能圓滑。事實證明，龔古愚就是一位世故圓滑的老者，他不僅放縱定保玩耍，而且為了表明教學效果，還經常幫定保做一些掩飾。何汝霖發現後對此頗有意見：

> 定保悟心稍可，惟讀書則日入滑境，不肯求熟，令我氣悶。重責數十板，先生太寬仁，聽其偷懶並亂跑也。罰午飯一頓，以警之愧之。（四月初五日）
>
> 近見古愚為定兒改詩，每每先就草稿改好，令其以改本謄出，再為潤色，殊非古道，真可嘆也。已諄諭定保，此後概以原來草稿帶回送閱，庶可見真面目也。此老愚而不古，誤人家子弟之尤者也。告之通甫，以為何如。亦足見延師之難。（閏四月初四日）

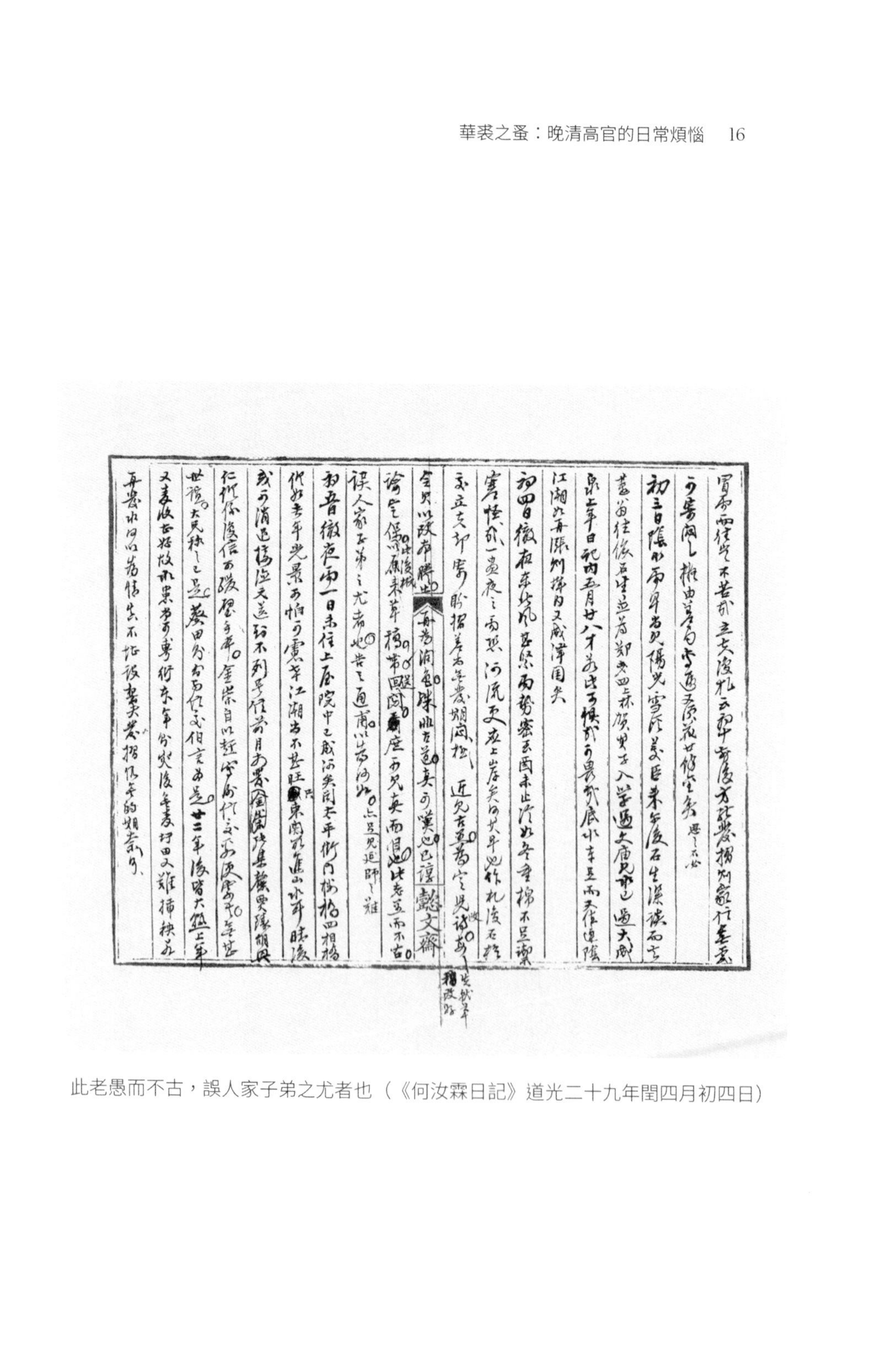

此老愚而不古，誤人家子弟之尤者也（《何汝霖日記》道光二十九年閏四月初四日）

古愚人品學問，館師中罕有，惟性太軟緩，定保毫無畏怯，初尚能督書要熟，近則將就應典而已。初尚安坐，近則滿院亂走，不加約束。除自己看書外，惟閉目靜坐，以養元神耳。對對、八句詩，先於草上略改，即謄，然後再改，實是討好之私見。此子本有可成，惜夏、龔一誤再誤，至不可收拾。（五月初七日）

龔古愚還借與何汝霖的這層關係在賑災中為自己和親友漁利，愈發令何汝霖不齒：「古愚為親友向章甫取撫恤錢票數張，以便逐日赴局取錢。」（六月二十四日）「古愚兄多受人情，謀入撫恤局內辦事，可笑之至。此事避之不暇，凡鑽謀而入局者，其來意尚可問乎。此公愚而不古，真難佩服。近來學生終日不念書，不督書，全不過問，尚有人心耶。」（七月初四日）好在不久何汝霖即要啟程返京，至七月二十日自然解館，兩人尚未鬧到不歡而散。但何汝霖在日記中感慨「延師之難」，其實好的老師，古往今來，皆可遇不可求也。

二　可笑可氣的親戚朋友們

明人陸噓雲《世事通考》謂「因人豐富而抽索之」為「打抽豐」，又名「打秋風」「打秋豐」，這種利用各種關係或名義向人索取財物或贈予的社會現象，在中國人情社會乃是司空見慣之事。何汝霖官居一品，位高權重，好不容易逮到他一個不得不回家鄉的機會，沾親帶故者無不磨刀霍霍，期以有濟。以至於何汝霖甫回鄉，竟不敢去九兒巷哭奠剛剛去世的大嫂，因為那裡有等候多日準備向他哭窮的諸多女眷：

本欲至九兒巷哭嫂一番，為眾女客所阻，不便前往，防煩瑣也。可惡可惡。據渭漁云，皆已住月餘，專候哭訴家務也。（二十七年十月二十一日）

過了兩個多月，何汝霖愈覺難以應付：「各處幫項已付三四十處，約二百餘，而來者仍眾，奈何奈何。又知朱、況二生窘而未啟齒，贈以十五金。」（二十七年十二月二十四日）「求助者坌集，與索逋等，可笑可氣。」（二十七年十二月二十五日）求助者反而像是索債者，這確實是一幅奇特的畫面。親友故舊中，除了有像朱、況二生稍有自尊，羞於啟齒而得到何汝霖的主動資助者外，其餘多是千方百計來打秋豐的人。

有的是仗著五服以內的親戚關係，理直氣壯地來索要錢財。如他的侄女婿王某，其母年過八十，他卻視同路人，將「先人所存銀錢花盡，老母之衣物並壽木賣去」，何汝霖不得不「每月給錢一千」（二十七年十一月十四日）以維持其母生活，可王某仍貪得無厭，以書來告幫，被何汝霖形容為「形同貓狗，忝然不恥，真非人類」：

王侄婿書來，無情無理，刺刺不休，令人生氣。其老母幼子，皆為之籌及衣食，而所為仍出人情以外，形同貓狗，忝然不恥，真非人類矣。（二十八年三月初八日）

而定保的表兄鄭滿子（何汝霖原配鄭氏的兄弟所生之子），則直接打上門來，稍不如意，即大吵大鬧：

鄭滿子坐守不去，嗣直入上屋，所求殊不近情，宛卻之，負氣而去，並不作辭，聽之可也。（二十七年十一月十三日）

鄭滿子又來，求多助，未免不諒。（二十七年十二月二十一日）

昨送鄭大嫂八元，係母子三人分用，滿子忽來，忿忿坐聽事索見，三弟出晤，乃云非數十金不可。宛詞謝之，直云不料如此刻薄，怒不可解。蓮翁斥其冒失，則高聲發話，恍如索逋，許久始去。因此若再厚贈，恐效尤者眾，乃以四元送其母，云係定保所送舅母者，此子如此，尚值與校耶。（二十七年十二月二十七日）

有的則是仗著鄉里鄉親的關係或過去的友誼，厚顏哀求，欲壑難填。李子漁就是這樣的一位：

子漁已得清江小館，又欲借明年卅金度歲，可謂無厭之求。（二十七年十二月二十八日）

李子漁到寓，追至廟中，刺刺不休。可恨，不近人情已極。渠有館六十金而仍嫌不足，且所需甚多，何無厭如是。一笑卻之，不值與較也。（二十八年三月二十四日）

李子漁清江之館又歇，來絮聒不休，此公專以吾家為可擾，殊覺不解。（二十八年六月十一日）

李子漁來，所求無厭，毫無情理，可怪可嘆，總以館穀不足為詞，大可笑也。（二十八年六月十五日）

子漁又來苦磨，贈以八元。（二十八年六月十六日）

李子漁到家，又託友雲來，云現在甚窘，不無所望，可厭已極。六月甫給八元，說明再不求幫，未及四月，旋作故態，真不可解。而友翁專為說項，尤覺可笑。（二十八年九月二十三日）

李子漁又來絮聒，其欲無厭。正言之，宛喻之，皆不悟，真所謂窮磨也。（二十九年二月十五日）

子漁書來，語多狼籍，直以數十次所幫，為交情不及萬一，正未知所望若何。此公真不解情理二字矣。可笑可氣。惟以妄人目之而已。（二十九年二月十八日）

另一位朋友孫友雲（友雲、友翁）則愛做為人說項的掮客，慨他人之慷，亦讓何汝霖覺得可笑可氣：

友雲來，刺刺不休。為彼之各處相好者妄有所求，大約有二三十處矣。力對以今年無可對挪，只好一毛不拔。此公專愛慨他人之慷，真覺可鄙。大怒而去。（二十八年十二月十一日）

日來告幫之札紛紛前來，舌敝脣焦，仍不見諒。最難受者，友雲疊開單來索取，竟不准卻，真可笑也。余昨告人云，凡自孫處求字而來者，應給亦斷不給，而友翁仍刺刺不休。（二十八年十二月二十日）

更有甚者，有些並無瓜葛和素無交情之人也來信告幫，令何汝霖疲於應付，哭笑不得：「內有不知其人而亦有書者……可笑可笑。」（二十七年十一月二十八日）「告幫札雪片而來，真有夢想不到者，奇極詫極。」（二十八年十二月初十日）「又接告助之字數處，看來蜂湧而至，

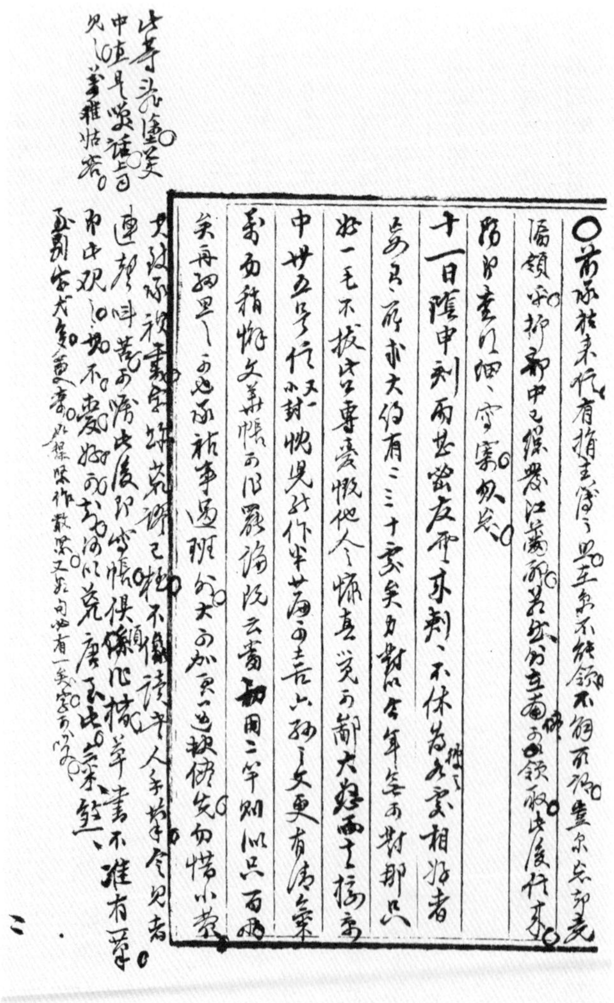

只好一毛不拔（《何汝霖日記》道光二十八年十二月十一日）

竟不論交情之厚薄矣。」（二十九年八月初七日）「求助之書又來數封，皆毫無瓜葛。」（二十九年八月十二日）有的還直接上門索取，不達目的誓不罷休：「一日之中告幫之書十數封，皆非有係葛者。尤怪者黃右軍之孫老童某，辭以出門不信，高坐廳事，聲言必久待之，斷無永不回來之事，且口出不遜，與門者大鬧，右臣、佩軒勸散，云明日必來，不見不依。此等氣象，較索逋更甚，奈何奈何。」（二十八年十二月二十六日）

不過，最讓何汝霖煩惱的還是其侄何渭漁（名兆熊）一家。

渭漁是何汝霖長兄何守仁的長子，生於嘉慶七年（一八〇二），次年三月，守仁病卒，渭漁尚不滿一歲，何汝霖也剛二十三歲。從有限的資料看，渭漁基本上奉母王氏在家鄉江寧生活，也一直得到在京供職的何汝霖的接濟。渭漁後來育有兩子，承祐、承祺，道光二十六年（一八四六），承祐生子慶良，四十五歲的渭漁成了爺爺⑯。作為何氏的長房長孫，渭漁的宗族地位很重要，而且除了直系親屬，其血緣關係與何汝霖也最接近。

但在何汝霖筆下，渭漁簡直就是貪財、輕信、愚昧、仗勢生非者的代稱和化身。

先看其貪，渭漁平素在地方愛占小便宜，竟得了個「何小錢」的綽號：

⑯ 據何汝霖《知所止齋自訂年譜》。

下晝與湧興談渭漁事，備言愛小便宜各事，群呼「何小錢」，云慣攙用小錢故也。（二十八年正月初三日）

這種愛占便宜的手段，在叔父那裡也無所不用其極。

夜不成寐，心復跳難忍。遂起坐，而一切心事雜起。因思渭漁之貪而謬，謊多，無時無之，取索無厭，竟無藥可救。（二十七年十一月十四日）

渭漁來，為置田地巧計百出，可氣可笑。（二十八年二月初六日）

渭漁時來磨錢，多欲無厭，卻滿面怒色，殊不可耐。（二十九年七月二十七日）

再看其輕信、愚昧。渭漁之母王氏卒後，何汝霖為之代謀葬地，本已有成，但渭漁卻極不配合，平添出不少風波：

王恭人所定之地甫由畸人看定，尚可用得。渭漁本日又帶一無名地師不識字者，獨往再看，大以為不可，大約又須另覓。伊總因我兩人所訂，大不放心，故特翻前議也。真可氣悶。（二十八年四月初十日）

頃知渭漁所約張姓乃丁玉華家機匠，目不識丁，隨口亂衡，而渭漁信之如神。

（二十八年四月十一日）

王恭人之地，與渭漁剴切言之，仍未首肯。（二十八年四月十七日）

寶光寺看定之地，渭漁又起異議，殊出情理之外，令人悶欲死。自正月至今成而又反覆者數次，現尚難定，渭漁之意殊不可測。奈何奈何。（二十八年四月二十二日）

延至十二月下旬，好不容易將王氏暫時安厝於打魚趙村。而除夕給何氏祖先及王恭人上供時，又發現渭漁答應承辦之供品異常簡陋，何汝霖不得不趕緊重辦：

三弟赴廟上供，未初始回，云先太夫人前渭漁昨兩次面訂赴廟供年飯，乃今只供三碟瓜子、糖片、年糕。至飯菜及酒俱無，殊不可解。既阻我等不必預備，而竟置之不辦，何居心之忍如此，幾令人氣煞。乃趕辦五簋，申初二送廟，會佩軒前往上供。此公真出意料之外，且家中既將伊父之影掛起，而案上並無香爐燭臺，其供品如茶杯年飯一無所有，不知是何意見，其婦與媳亦全不管。人之有子孫家眷者，乃竟如是，尚有人理耶。書此可以知其心術行為矣。惟仰天長嘆，垂淚而已。（二十八年十二月二十九日）

王恭人所葬墳地，係何家購自打魚趙村趙永仁，而墳鄰謝姓，忽於王恭人葬後起訟，訟告趙永仁將原屬謝家神路的塋地盜賣給了何家，要求趙永仁賠償，其真實意圖在於給何家製造麻煩以便勒索錢財：「王恭人之墳鄰謝某以呈詞來投，告稱占渠家神路，控趙永仁，意在詐贓。人事之壞如此。」（二十九年三月十二日）「趙永仁來云謝姓罰伊作墳栽樹，並要伊具一承管，寫明盜賣謝地，詭詐可惡，此係訟師所使，先作實趙之盜賣，然後與吾家為難，看來非結訟不可。甚矣，訟師之可惱也。」（二十九年四月十二日）但讓何汝霖生氣的是，渭漁「尚常與謝姓在茶館晤談，其愚何如，一切底裡俱隨口被他騙去」（二十九年四月十二日）。更令人瞠目的是，經進一步了解，謝姓的主意竟是渭漁幫忙出的：

慶臣來，云晤謝某，知先逼趙具盜賣字據，罰令修墳，然後兩家立合同，彼此關照，係渭老主意，與彼商辦，聞之殊悶悶。其意在敷衍了局，不知趙認盜賣則何即誤買矣。既指用趙賣價修工，則趙契應改謝契，方保無事，況既不在謝十丈以內，如何得斷以盜賣乎。真覺可笑。（二十九年四月十四日）

三弟往陳、甘處商辦謝姓事。旋赴靜人園中，晤謝某。與慶臣等公議打魚趙各家八家公立一碑，載明丈量丈尺，均無侵占，以後公防趙某盜賣侵擾云云，現不准謝某

勒趙修墳等事，以絕其望。謝云伊本只望通知渭漁幫防趙某，乃渭漁極力慫令控趙，即罰令修墳，亦係渭老主意。聞之駭然，細思只求後患可免，即勉強允其所請亦好。渭本無才，好作主意，真令人氣悶欲絕。（二十九年四月十五日）

就是這位幫著外人謀劃何氏利益、愚昧可笑、「令人氣悶欲絕」的渭漁，仗著何汝霖的權勢，在外面還做有不少包攬詞訟、干預地方的勾當：

渭漁來寓，問以近有札致江邑為人說事否，渠無可辭，不過飾詞遮掩。力斥之，而意頗不動，可怕之至。近復走入此路，何晦事耳。防之，真出意外，令我眠不貼席矣。（二十八年九月初八日）

約張沛兄來寓細詢，渭漁在縣為人說事已不止一次，好在方令並未照辦，亦並不認識，其謬何如。擬一二日親赴兩縣，告以再有書信來，即將遞書人扣下，連原札送交公館查辦。如再隱忍，必告之藩司提去訊問。書至此，幾將我悶死。此子近來一壞若此，正不敢深求，不敢遠望矣。（二十八年九月初九日）

渭漁來，與言干預公事，渠不諱，而總無改過一語，真可悶也。晚，喉間頓作脹滿之狀，因此事起也。早，紫垣並告以伊家余大兄曾送縣一田戶，伊特往說情，可見

> 近則慣作此等事矣。（二十八年九月十二日）

> 方、屠兩明府來談，須囑此後如有渭漁手札及名片來說公事，即將送信之人並信片扣住，送交公館自辦，倘徑收留，必深怪云云。（二十八年九月十三日）

備嘗艱苦位始騰達者，更懂得珍惜來之不易的成就，其中頭腦冷靜者，無不注意告誡子弟不得在地方包攬詞訟、干預公事，以預防禍出意外，累及自身前途和家族命運。因此，渭漁的這些「劣紳」勾當，令何汝霖感到嚴重不安、氣憤和驚怕。但秉性難移，渭漁恐怕不會有太多改觀，只是因為並無過分的劣跡，再加上何汝霖的著意提防和限制，才沒有鬧出什麼大的禍事來。

渭漁不能正己，亦不能齊家，其婦及其子承祐、承祺的表現也都很令何汝霖失望：

> 我數月來，時嘗過九兒巷拜靈，並代辦一切。乃渭漁之婦信口頂撞，不留地步，且不自悔冒失，深信不錯，我只得一笑容忍而已。……原來此婦悍潑無禮，一至於此，可稱無知已極。可嘆可恨。我自信為他家大小個個用盡心思，不但不知感，反出怨言，當面無禮，豈人情乎。（二十八年三月二十九日）

> 承祐兩次家信總云到工時全無進項，甫學當差就想有得，見識之卑陋可知，將來

作官已可想見。鄙哉！可深斥其非，俾不迷於所向。此子與乃翁可稱是父是子。（二十九年六月十一日）

定保因開水燙手，甚痛而哭，回，趕用大黃麵調麻油敷之。承祺坐在一處目睹而不言，與乃兄皆自了漢也。即平日所問，從無一字實話，人本極笨，而用心太深，滑而險，絕不沾泥，可謂難兄難弟。一言蔽之曰，全無人味。（二十九年六月十四日）

特別是承祜（字受卿），作為渭漁長子，負家族之重望，何汝霖也不惜耗費物資人情，為之捐得了一官半職。但承祜志向既卑，學問又差，連家信都寫不通順，字跡之醜更令人不忍目睹：

承祜事過班外，大可加至遇缺盡先，勿惜小費。其致承祺書，字跡荒謬已極。不像讀書人手筆，令見者連聲叫苦。可囑此後即寫賬，俱須作楷，草書不准有一筆。即此觀之，其不愛好可知。何以荒唐至此，氣煞氣煞。兼別字尤多，更奇。如「趕緊」作「敢緊」。又數句必有一「矣」字，可笑。此等亂塗，公文中直是笑話，上司見之，萬難姑容。（二十八年十二月十一日）

承祜一函字已草率，其代右臣所作家信，則牛鬼蛇神，千古以來從未見如此怪誕

> 者，豈前已諄戒之，竟罔聞知耶。此子脾氣太壞，倔強如父。你們不可以老實目之。我之極力位置，真盲於目，不能知人矣。悔之恨之。此數語即令承祜細看。（二十九年二月十四日）
>
> 劉文、薛玉、張福為抄《明史》軍事完，以麵勞之，其字皆清妥，較承祜高出數倍矣。（二十九年三月初三日）

劉文、薛玉、張福不過是幾個識字的僕人，承祜書法居然不能與之相比，又焉能承擔光宗耀祖之重任？咸豐二年何汝霖去世後，失去了這株大樹的蔭庇，渭漁一支很快衰落下去。咸豐四年，渭漁攜家投奔在固安永定河任職的長子承祜[17]。同治三年（一八六四）十二月十一日《何兆瀛日記》載云：「七弟言河上大兄處家事，甚為可慮，一切亂雜無章，舉舊日祖宗遺範掃地，令人笑之於邑，渭老不能無過也。」[18]這一切，距離何汝霖辭世才過去十幾年。

值得一提的是，何汝霖居鄉兩年多的日記裡，「可笑」一詞出現了六十五次，「可氣」一詞出現了十六次，其中的大部分，是送給這些親戚朋友的。

三　兩次大水災的全程記錄

中國古代自然災害頻仍，江寧亦不例外，由於地處長江中下游，城市緊依長江，水患不時會對江寧造成影響。姚瑩曾作《江寧府城水災記》，統計出漢延熙十四年至康熙二年，江寧水患見於記載者就達八十五次，水大者有十七次⑲。入清以後，人口激增，長江流域人口分布尤密，上游毀林開荒，中下游圍湖造田，長江流域生態平衡進一步遭到破壞，水患更加頻繁。道光年間，就發生了至少八次大小不等的水災⑳，其中以道光二十八、二十九年為甚，姚瑩《江寧府城水災記》對這兩次水災如下記載：

---

⑰ 何兆瀛《心公自訂年譜》（南京圖書館藏抄本）咸豐三年癸丑條載：「大侄受卿在永定河書來，諄請到彼小住。乃於五月，同庶母以下眷屬到固安鄉賃草舍為避囂計。」咸豐四年甲寅條載：「渭漁兄自江寧鄉間攜眷到河上。」

⑱ 《何兆瀛日記》，稿本，上海圖書館藏。

⑲ 姚瑩《東溟文後集》卷九，《清代詩文集彙編》第五九四冊，上海古籍出版社二〇一〇年版，第五二〇頁。

⑳ 分別為道光三年、十一年、十四年、二十年、二十一年、二十八年、二十九年、三十年。

> 道光二十八年七月霖雨，湖南北、江西、安徽、江蘇、浙江濱江海諸郡縣患水……而江寧被水尤甚。明年四月，瑩至江寧，見城中門扉水蹟三四尺不等，咸相告曰，某某市中以船行也。未幾，閏四月，久雨不已，五月復大水。闤闠深六七尺，城內自山阜外鮮不乘船者，官署民舍胥在水中，舟行刺篙於人屋脊，野外田盧更不可問矣。人被淹且飢死者無數，或夫婦相攜投水中，或男婦老稚相結同死破屋，浮屍沿江而下，以諸省復被水且甚於前年也。[21]

時人對這兩年的大水也有一些記載，如《李星沅日記》、《白下瑣言》、《道咸宦海見聞錄》、《同治上江縣志》等，但都嫌於零星，要論最詳細、最具有過程感的史料，非這部鮮見人提及的《何汝霖日記》莫屬[22]。這不僅因為何汝霖恰好此期間在江寧守制，親身經歷並記錄下兩次水患的全過程，而且因為何汝霖自道光四年至道光十六年一直在都水司任職，「官水部久，習水事」[23]，所記具有一定的專業水準。

（一）道光二十八年水災

道光二十八年的大水，從五月已現端倪，何氏日記載：「晴，熱極，地又發潮。聞秦淮之水已到十分，相傳恐又遭水患，惴惴待之一日。」（五月初七日）「陰，小雨不成陣，仍涼，著棉。共以為發水兆，可畏可慮。」（五月十二日）「夜有月光，天明仍雨，一日未止，涼甚。……說者以為發水之兆，可畏可慮。」（五月十八日）

到了六月上半月，除初三、初七、初八、十一、十二、十五外，其他九天均雨，至十三日水災已成：「夜雨一時……道中湧水甚多，且有及膝者，水患已成，可畏可嘆。」（六月十三日）可見並非《江寧府城水災記》所云七月始成水患。六月下半月雖只有十六、二十四、二十五、二十七、二十八有雨，然街道河水僅微退，「轎行深水中，約二三里皆深及膝蓋者，稍一失足，即在中央矣。危極險極」（六月十九日）。

㉑ 姚瑩《東溟文後集》卷九，《清代詩文集彙編》第五四九冊，第五一九頁。

㉒ 道光二十八年水災，李星沅正在兩江總督任上，但他的日記基本不記天象，對江寧水災情況記述也並不多，讓人無法真切感受水災的嚴重性。

㉓ 宗稷辰〈何恪慎公墓志銘〉，《躬恥齋文鈔》卷十，咸豐元年越峴山館藏板。

進入七月，雖然半數以上為晴天或無雨天[24]，但江河之水仍日漲，情形不容樂觀：「所過東西井巷及文思巷，皆冒險行水中，至織造門外，水深三四尺，轎不能入，投刺而回」（七月初三日）；城外「聞河水極大且險，已開數壩，而宣洩仍不能得力，昭關一壩尚未啟」（七月初四日）；至「聞兩三日內，潮長一尺五寸，未淹處亦淹，城中拜客必繞道數四，上院之司道等官多走數里，苦累不堪」（七月初六日）；「數日來城中水更長，可慮之至」（七月十六日）。至七月十七日，城內被淹已達三分之二：「聞昨早所過之壽星橋四條巷一帶，水皆二三尺，不能行。而各處報水長者紛紛皆云較廿一年不相上下，合計城內大小街巷被淹者三分之二，危極慮極。」（七月十七日）「未刻又雷雨，水淹之處聞又增多處，奈何奈何較甚於辛丑年水患」（七月十八日）。至二十日，連地勢較高、前幾次水災未能淹到的黨公巷也岌岌可危：「是日江水又長尺餘，較廿一年更大矣。聞數次水患，黨公巷皆未上水，正深欣慰，本日對大門之松濤、延齡二巷水皆滿道，而本巷口外之花牌樓大街，距巷口僅留三四十步，則前次所未有也，焦灼之至。」（七月二十日）為了排減水勢，官方打開了昭關壩向里下河洩水，遂使此一地區亦遭淹沒，但江寧城中不知何故水勢不退反進：「聞昭關壩已開，下河又在巨浸矣。可憫之至，想萬非得已也。本日城中水又長數寸，奇極。」（七月二十八日）「聞夜來水又長數寸，近本巷又淹幾處，奇極危極。」（七月二十九日）「水又長二三寸，殊為可慮。」（七月三十日）

進入八月，江寧城中水災更為嚴重，茲表列本月部分天象及水況如下：

天象	水況
八月初一日，晴，又熱。	水又長數寸，門外及聽事階下俱有水矣，可怕可慮。
初二日，晴。起暴而未雨。	夜又長水數寸，巷內西邊之松濤、延齡二巷水漫已滿，漸已上甬路。東口外之吉祥大街亦漫十餘號門面，聞從前水患五六次皆無水至此者。大門外對面亦上水數寸，未知明日大汛又如何也。
初三日，自未正雨，一夜甚緊。	夜，水入廳院門外，已過甬路，即將上廳，可慮之至，而挪無可挪。……大約城內大街小巷被淹者十居八九焉，有若許空屋可以挪居。現惟架木行走，幸上屋尚覺微高，或不至無下榻處也。
初四日，一夜密雨，至巳初方止。未刻又雨。夜又小雨。	大門外路皆漫水，門內廳前、兩院約尺許，聽事四五寸，木器皆架起，廳後兩層院內已積二三寸。

---

24 七月初一、初二、初五、初六、初九、十一、十三、十五、十六、二十、二十一、二十二、二十三、二十七、二十九、三十日未書有雨。

天象	水況
初五日，陰極沉，小雨數次。	水又長二三寸。上房院內皆積二三寸，前層已與階平，後層尚餘三四寸，花廳院則街水已漫入矣。……聞巷口外花牌樓大街已用澡盆及小湖撇船以運物濟人，太平街則水已過胸，轎夫斷不敢走。
初六日，陰沉又轉燥熱。	水未長亦未減，惟祝雨不來耳。傳聞街道水深處多有塘與街連，行人誤入殞命者，可憐可憐。
初七日，陰晴各半，夜雨數陣。	早起院中積水又長如前日，可怕可慮。渭漁字來，知新廊陳宅從前未見水湮，現在深至尺餘，萬難居住。
初八日，陰晦。	水仍未減，並有略高半寸處，計五進已湮其三，只住屋尚高數寸，而不可恃。大約日來統計，城中十淹其九，較廿一年更高二尺餘。四面街道全然不通，朋友斷絕往來已六七日矣。
初九日，晴。	水依舊未減分毫。朱起之自他門外坐船直至党公巷口，背之進門，聞沿途淺處三尺，深則及胸及肩，且有滅頂者。

天象	水況
初十日，晴。	水未減。子久來辭行，云……適過盧妃巷，如在大河中行走，可怕之至。遣人在巷口雇湖撇回家，聞之凜然。
十一日，晴，欠爽。	水如昨。午後，赴白衣庵捐局，出門即入深水，二郎廟數十步無水，一入土街口至新街口，則二里餘直如長河一道。唯明瓦廊、大香爐無之。
十二日，晴熱。	水又長寸許，奇極。何深秋尚不見退。
十三日，昨宵月甚朗，天明復轉陰。	院中水已上階，行將入屋。跳板之門已用竣，除上屋穩坐外，一步不可行，苦極窘極。倘再長數寸，勢無下榻處矣。
十四日，陰，小雨數陣。	水又長寸餘，兩層上屋水已上階，恐不免沮洳之患。
十五日，陰涼甚，小雨。午後大雷雨。酉初，雨稍止。戌刻晴，月光朗澈。	水又增寸許。上屋半浸階矣。

天象	水況
十六日，晴，微涼，午後雷雨，申刻晴。	水長寸許，已上臺階，將入屋矣。
十七日，晴。	水已入上屋檻內，明日又大汛之期，奈何。
十八日，晴。	大汛，水長寸許。廳後第一進上房明間水已滿，二進又已上階，焦灼不知何以為計。
十九日，陰，小雨。	早起，水又長寸餘，廳後一層上房、明間水入寸許……二層自住之房，院中已有四寸漫上臺階，離明間平地僅有三寸許，大約數日內必已全漫，無下榻處。可慮之至。
二十日，陰。	又長一寸。大汛過二日，秋分將屆，而江潮仍逐日見長。潮之有信，秋水之應涸，全不可靠，豈非奇事。聞廿一年之水，中秋日將退完，又何前後不同。
二十一日，早陰甚，午刻轉熱。	水長寸許，廳事院中積至一尺二寸，廳堂八寸，上屋二院六七寸……竟無可挪。

逐日讀過，過程如此清晰，竟有一種電影慢鏡頭的感覺。嗣後水勢始漸退，至九月初九日城內「各處仍有二三尺者」，至十月初八「聞水最深各處十露七八，從此大路可通矣」。從六月十三日水災成，至八月二十一日的高峰，持續兩個多月，如果將十月初八視為水基本退完之日，那麼整個水災過程幾乎持續了四個月，無怪乎何汝霖感嘆災後「凋敝之象目不忍見」（二十八年十月初八日）。

（二）道光二十九年水災

道光二十九年的水災，來勢更為兇猛。四月初二至十四日，僅有一日未雨，以致「街巷積潦幾如去秋」（四月十三日），這讓何汝霖極為擔心：「計初二至此通計十三日中，無雨者僅一日而陰晦如故，象占恆雨，豈真陰陽閉塞乎，思之懍懍。」（四月十四日）幸之後連日晴和，水得消退，但「淮水甚大，已啟四壩，惟義壩未啟，上年六月尚未如此。可慮可慮」（四月二十三日）。閏四月後，連雨六日，水勢又長，閏四月初三：「過文廟，見水已過大成泉。上年日記內，五月廿八才若此，可懼哉，可畏哉。」大成泉，當指夫子廟大成殿後的玉兔泉。閏四月初五：「徹夜雨，一日未住。上屋院中已成河矣。聞太平街門樓橋、四相橋俱如去年光景，可怕可慮。幸江潮尚不甚旺，只東關所進山水耳。晴後或可消退。」之後果然連晴九日，官紳乘機聚議如何加高江寧城東西兩關及後湖閘板，以應付可能到來的水患。但眾說紛紜，難有定議：「東西兩關每十一洞，建於何時，應塞幾？應通幾？言人人殊，幾成聚訟。」（閏四月十一日）最後眾人「所商禦水各法，惟急堵東關、後湖閘而已，此外別無主意」（閏四月二十一日），何汝霖認為「東關湖閘及各處城根涵洞全行堵塞，以防江水之內，特未籌及內河之水從河而出」，並非良法，但也只能「聽之而已」（閏四月二十六日）。所幸閏四月下半月僅六天有雨，城內水患尚不嚴重。

但進入五月，日記中明書有雨之天竟多達十八日[25]，水勢上漲迅速。初一「磚石皆吐水，聞太平街四相橋皆已上水」，初二「聞學宮及鍾山書院舊王府等處，水皆深將及尺」，初八「一夜雨甚緊，自卯至酉正，若傾盆者十數起，院內幾滿，聞較上年六七月遍城皆水，此時早經過大半矣，甚為焦灼」，初九「城南各街水深將尺者，十居五六。危哉危哉」，官方雖然關閉了東關和後湖閘，但城外江水和山水仍通過閘下滲入，城內雨水及河水通過西關閘洩出後又被新立石閘阻不得出，江寧城內水災至此而極。茲表列五月部分天象及水災情況如下：

天象	水況
五月十一日，夜晴，至丑正忽又雨，達旦未住，連綿竟日。	水長五寸餘，街對過各巷已滿，不日當即入門矣。遣張福至水西門外看新閘，乃知閘以禦江潮，板全下而潮仍從下入。……內水雖出閘，而新閘阻之又不得出，孫通判可謂功在民生。宜乎怨聲載道矣。如何如何。
十二日，夜小雨，自卯至戌大雨多次。	溝渠皆滿，如上年六月至七月光景，城內通衢處處皆深一二尺及三四尺，可怕可怕。
十三日，寅初大雨如注，越兩時辰乃稍減。	處處俱漏，各院水已鋪滿。廳事及門房則平滿四五寸矣。巷口已推盆而行……回憶上年八月三日為子久餞行時，始若今日。水漲如此早，恐災更重於去年，民何以堪，不忍為之下一語矣。……聞城內幾將淹遍。

㉕ 五月一、二、四、五、七、八、九、十一、十二、十三、十六、十七、十八、十九、二十、二十一、二十五、二十六日均書有雨。

天象	水況
十五日，晴，較爽暢。	吉祥街、土新街各口及笪橋內南門大街，水自一二尺至四五尺不等……九兒巷則井口僅留數寸，恐亦不免。芑生家除廚房未湮，餘皆宛在中央……我屋水上臺階，再長寸許即進屋，無屋可挪，無法可想，命懸咫尺，聽之可也。
十六日，夜陰，竟日小雨，晦暗異常。	水驟長，已入住屋檻內。……挪至家祠住眷並作館。余住庵內，箱籠搭架存寓，派溫、劉、張留此看守，餘俱出城避此大厄。然途中處處湧水，運送維難，腳力貴至數倍。
十七日，寅刻又雨。	早起，水已入明間二三寸。趕忙料理。巳正，先令定保母子前赴九兒巷暫住，緩再出城。惟繞道數里，如土街口、新街口及笪橋市，用數人幫轎，大約至淺者水已二三尺，滿道湖撇小船及水盆如織，轎中慄慄如臨深淵，遍體汗下如雨。……余乃出城，至永寧庵，與三弟、右臣、佩萱、承祺俱下榻，此地高與城樓相埒。似不慮洪波再至矣。
十八日，一夜雨，申刻有晴意而地仍潮，戌正又雨。	党公巷上屋內水已及尺，幸昨避之速也。與隆法僧登山，遙見城外圩田一片汪洋，城內水已及十之八九，真可憫也。

天象	水況
十九日，一夜大風。辰刻大雨竟日。	子楚來，云圩中逃荒住城外數千人，必有來廟門跪香求向地方官趕給口糧者，恐成巨難，敷衍無法，務求仍寓城內，即有聚眾來者，就近可告府縣辦理，較為省便。告以城內覓屋甚難，渠云已代覓，門西之張姓有新蓋之十數間，大可賃住……房極新整而地高新橋丈餘，與三山門矮城頭相平，乃決計定議。……目前水勢較上年已高二尺，況方興未艾，未知作何究竟，城內衙署除江邑外，自制軍至府縣無不移居廟宇，可謂慘極。
二十日，夜雨甚急，巳初稍止。	進城，到仙鶴街張宅……九兒巷上屋已上水四五寸。
廿一日，夜，大雨如注，丑刻稍疏。	城中大街皆斷，淺者四五尺，皆地皆船，而日見其長，幾無生人之趣，竟不敢下一轉語，言之淚下矣。……城內多哭聲，死者日聞數起，真可慘也。聞廿二年避夷難尚不至此，豈真滄桑之變耶。

天象	水況
廿二日，晴熱。得未曾有。	貢院號舍，只露房頂，可怕可慘。遣李升、饒升及轎夫四人赴党公巷，取回衣箱十二只，軟包箱四個，並各項要物，雇漆板船四只由陸路運來寄內。院中水已滅頂，堆箱上屋則深及腰以上，大門頭僅留尺半，其太平街門樓橋及貢院學宮東牌樓則深至七八尺及一丈矣。真千古罕有之災。
廿四日，早，沉陰未雨，午後暢晴。	聞水長一二寸。登護國庵外高堆遠望，城外一片汪洋，河與圩相連，無尺寸之土地矣。……日來各親友梟水來告助者日凡數起，薄薄贈之，已不可當矣。又雇三船將党公巷零物運回。裕昆用船救出難民男婦二百餘人，可稱快事。
廿六日，丑正大雨傾盆竟日。	平地皆河，可畏可憐。
廿七日，早陰，午後有晴意。	水長寸餘。稚蘭來商煮賑之難，力告以備安民心……聞五臺山下堆屍甚多，不忍代想矣。

之後水勢漸殺，然水退仍緩，慘象滿目。何氏六月初五記：「門西數里內避水來一二萬

人家，可憐可憐。」六月初七記：「早，坐船將赴立翁處，行至藩署，與桂山談多時，其船坐到大堂止，餘則換小撇入園，以門不能入也。方伯住一小齋而坐下仍搭川板，水仍二尺也。此署中水最淺處。因舟行可怕，遂不赴院。」連撫、藩衙門都得坐船而進，水災之重可想而知。而六月多晴熱，水災未淨，旱象又成，民生多艱，不忍再書。十二日記：「晴，其熱如坐煤爐旁，惟中之氣幾不接續。何十日如此，而不略轉，水災未退，又值旱災，豈天意真不可回耶。」六月二十七日記：「聞水又退二三寸，一月以來共尺五矣。而深處通舟者，仍有六七尺，未識何時全涸也。」七月初六記：「計月來水落將及二尺，而存者尚大於上年二三尺。」七月十日記：「知九兒巷水已退淨。」直至七月十七日，江寧布政使「署外水仍尺餘」。七月二十二日，何汝霖移居地勢較高的九兒巷，為赴京做準備，因「此宅水淺，不過二尺，退後已略乾」。此後關於水勢，何汝霖沒有記載，想必已不足為患矣。

道光二十八年與道光二十九年兩場大水比較，不難發現，道光二十八年水災持續時間較長，但水勢增長較緩，党公巷寓所雖有進水，但尚可居住。而道光二十九年水勢來得早且進展突猛，五月中旬即已超過去年八月水位最高之時，十八日「党公巷上屋內水已及尺」，而去年水災最重時党公巷寓所上屋進水不過「六七寸」（二十八年八月二十一日）；五月二十二日党公巷寓所「院中水已滅頂」。七月初六何汝霖記云：「計月來水落將及二尺，而存者尚大於上年二三尺。」可見道光二十九年之水至少比二十八年要大四五尺左右。

江寧的水利體系，「大致由湖泊、河流、城牆水關和沿江堤圩等構成」[26]。句容治南的赤山湖、江寧城北的後湖（玄武湖）均具有蓄水功能。秦淮河則在通濟門外九龍橋分為二支，一支由東水關進入江寧城，從西水關出城，俗稱十里秦淮（內秦淮河）；一支為外秦淮河，由通濟門經中華門繞行城外，在西水關外與內秦淮復合，合流後向北匯入長江，內外秦淮河亦具排澇抗旱之用。江寧城還建有入城三水關（東水關、下水關、北水關）和出城三水關（水西門之西水關、漢西門之鐵窗櫺及小水關），其中清溪由下水關入、後湖由北水關入，皆匯於由東水關入的秦淮河，入城的東水關、北水關和出城的西水關最為重要，皆設閘板、涵洞以調控水位。另外，沿江堤壩是攔阻江潮的第一關，江邊圩田亦有阻止江潮內侵的緩衝之用[27]。

如何防治越來越頻繁的水患，後見之明告訴我們，綜合治理最為理想，如疏浚江河湖泊，增固沿江堤防，保護江邊生態，維護東西水關等。但前數項所費浩大且為時較長，官紳只能偶一為之，相對而言，維護城內水關功能最易操作。簡言之，即在秦淮河水勢上漲時，封閉東水關閘洞以防河水、山洪入城，同時保證西水關排水功能暢通；當江潮亦上漲時，西水關及其他各關皆關閉以阻水入城[28]。在尋找道光二十八年水患原因的時候，何汝霖認為是開啟東水關涵洞所致：「詢之老輩，云自賀藕耕開東關，城中始有此患，前已全閉，廿一年後幸免數歲，上冬培蒼、夔園輩又創議開四圈（原共有十一），而茅山南水直灌入城，與江潮相頂激而上岸，圩田城市半在巨浸。輕率如此，為喚奈何。」（二十八年六月十三日）賀長齡於道光五年四月至六年十二月任江蘇布政使，道光八年八月至十年十月任江寧布政使，在任期間，佐成漕糧由河運改海運之舉；何氏日記中所謂「開東關」，應指賀長齡在任時開啟東水關及其十一座涵洞，後因防水全部封閉，而道光二十七年官紳又議開啟其中四座涵洞（四圈），何汝霖認為這是加劇本次水患的輕率之舉㉙。但即使水關防堵開閉及時，也是被動的治標之舉，

㉖ 徐智〈清代南京水患治理研究〉，《理論界》二〇一二年第一〇期。

㉗ 此段據道光十四年刊康熙間人金濬《金陵水利論》和同治十二年秦宇和跋（收入《中國水利志叢刊》第三七冊，廣陵書社二〇〇六年版）以及徐智〈清代南京水患治理研究〉概括而成。

㉘ 其實江水盛大之時，封閉閘門亦效果不佳，因此時往往雨水亦多，城中水無由得出，水患同樣難免。秦宇和同治十二年跋《金陵水利論》云：「論者以為東西閘皆下閘，江水山水似可不入城，不知大災之年，江水固大，本省雨亦必大，城中雨水何從宣洩……道光二十八九年城中水高於城外，則閘之不徒無益，從可知矣。」

㉙ 對於水關之開塞與水患之原因，清人意見不一。如金濬《金陵水利論》從風水學出發，認為東水關不可塞：「秦淮灌輸都邑，為隨龍養蔭之乳水，觀其灑潤支河，貫通血脈，然後出西水關，

汪棣曰東關爲天門其設立十一洞者取天一生水之義利涉橋當天門方亦相沿用木橋欲其進水通暢昔時嘗易石工梟未及完工即黄院與

金陵水利論

金陵金濬公濟著　里人甘福德基校

金陵山環水遶鍾阜來自東北而向西南大江來自西南而朝東北垣局包羅甚大其中支分潤溢於千雉內者以古秦淮爲勝源發自溧水句容環經方山屈曲至中和橋由通濟門上水關入（即東水關）歷鎮淮橋縈迴至三山門下水關出口（即西水關）循龍江關抵燕子磯與江流合六朝宮城在淮水北五里今盧妃巷中兵馬司處即朱雀門之故地也丹陽郡城在淮水南二里今聚寶東南

金陵水利論　一

《金陵水利論》

不能真正解決水患。其實何汝霖自己也意識到了問題的複雜性，道光二十八年八月初七日其記云：「周雲褐札商江水漲溢，實由蘆洲與水爭地，應與大府商辦，並引阿文成辦過成案，所說不為無見，而事關重大，談何容易，姑存之。」所謂「與水爭地」，當即圍湖造田之意，它降低了江河的蓄水功能，不過因為「事關重大」，何汝霖也只好以一句「談何容易，姑存之」收場。

由龍江入大江，復繞鍾山之後，真可謂迴旋盡致，故開源節流，為一城生聚之所繫，不可不講也。」道光十四年汪正鋆跋云：「洎道光之初，上游雨水過多，江潮泛漲，金陵始有水患。昧昧者不謂江潮之為患，而獨歸咎於秦淮，至十一年水災，遂有堵塞東關之議。不揣其本而齊其末，抑何愚謬之甚乎。詎知堵塞之後，城內盡成死水，沿河居民不下萬餘家，日傾汙穢之物，蕩滌無從，壅遏愈甚，次年壬辰春夏之交，滿河之水變成綠色，腥臭四聞，時疫大作，死者不可勝計。此誠人事之過，而無所辭咎者矣。其時宮保陶公聞而心傷之，亟與里紳王竹嶼都轉妥籌良策，命將關洞疏通，舊設閘板重行修整，並責令北捕通判專司其事，協同紳士不時查勘。如果山水陡發，即督令閘夫將水門一律下板，以資堵禦，俟水勢少涸，或天時亢旱，仍酌量啟放，俾利汲取。是東關既堵而復通，不致鹵莽從事，全行堵塞者。」強調「守陶公以時啟閉之良法」。同治十二年莊兆熊跋云：「城中之水自東入，東方生氣，方宜通暢，不宜壅塞，壅塞則與官民不利，通暢則官民皆受生旺元氣，即啟閉亦因時制宜，不可使之終塞也。」皆不主張堵塞之法。

四　鄉居官員的風光與責任

這裡所說的鄉居官員，是指仍然擁有官員身分、但因各種緣故（如丁憂、守闕、致仕等）暫時或長期居鄉的非在職官員。「官員」這個身分底色，使他們享有普通民眾無法享受的諸多榮耀與便利，但也必須擔負普通民眾無須承擔的一些責任和義務。

何汝霖位高權重，身分顯赫，他鄉居時的應酬，除了一般的鄉里鄉親，還不乏總督、巡撫、布政使、按察使、將軍、都統、織造以及府縣等各級官員。以下是他扶柩甫一回鄉時的場面：

> 辰初行，巳正抵党公巷寓，安靈後設奠。親友女眷來去甚多。而先在朝陽門外公祭，將軍、制府及司道等皆在焉，可感可泣。（二十七年十月十七日）

可謂風光無限和聲勢浩大。道光二十九年其母下葬前，送奠場面同樣隆重：

> 親戚因送奠來者數十人。午刻，制軍、將軍以下，兩府以上來公祭，少坐即去。陪者石生、寶書二公，武職自協鎮至守備亦上供。（二十九年八月初二日）

何汝霖的生日在六月十三日，道光二十八年生日前後，官場亦送禮拜壽，頗為熱鬧：

將軍、都統及協、參、游諸公，俱以壽禮來，概宛辭之。（二十八年六月十二日）

合城文武俱來祝壽……幸而遠避，否則酬應必苦矣。無論親友、當事，禮皆全璧。（二十八年六月十三日）

日常生活中他與各級官員互動也很頻繁，略舉數例：

早起，石梧送初二以前京報來……訪將軍、制軍。（二十七年十一月十六日）

早起即出門回拜蓬云、織造、兩道、一司及府縣。（二十八年正月十四日）

早，往謝方伯，並回拜傅繼勛太守，託帶李升回京。（二十八年六月十六日）

早，沈太守蓮溪來賀年。甫去，制軍來深談一時之久。（二十九年正月初六日）

制軍送滿漢酒席來，云因病不及作春宴，乃轉送桂山方伯。（二十九年二月初七日）

上舉文中的「制軍」及「石梧」皆指時任兩江總督李星沅（號石梧），道光二十八年的「方伯」指傅繩勳，時任江寧布政使，其弟傅繼勛，係傅斯年之曾祖，道光二十九年的「桂山方伯」，指繼任江寧布政使馮德馨（號桂山）；「沈太守蓮溪」指時任江寧知府沈濂（號蓮溪）。不難看出，彼此往來問候，致送禮物，請託關照……鄉居官員與在任官員之間實有千絲萬縷的聯繫。值得注意的是，其中「京報」即邸報，主要記錄宮門鈔（包括皇帝活動、官吏升降及其他朝廷重要活動等）、上諭和臣下奏摺，閱讀對象通常是具有一定級別的官員，何汝霖雖丁憂鄉居，但享有向官府借閱邸報的權利。

另外，清代督撫大員的奏摺，為了保險和保密，往往不由驛站傳遞，而是派專差送達京城，這些專差又稱摺差、摺弁，他們公事之餘，又可順帶為人傳遞家信，由於摺差有規定的往返期限，故這種傳遞訊息的方式既快又安全。何汝霖與督撫關係良好，他的大部分家信，都是通過摺差收發，而且督撫拜發奏摺之前，往往也會主動派人詢問何汝霖有無信件捎帶：

> 巳刻發十號信，交督轅摺差，即日行。（二十七年十二月初一日）
>
> 督巡捕送信，云十二發摺，囑作信送去。（二十八年六月初十日）
>
> 晚接申十一號京信，四月廿五發，係十六摺差回頭信。（二十八年五月初八日）
>
> 未刻，折差余回，接申十六號信，初十發，內附祁、祝、何、索四信。（二十八年六月二十二日）

寫申字又卅二號信交差王弁攜去，此信尚可於年內回頭。（二十八年十二月初五日）

僅道光二十八年，京中就來家信四十封，而何汝霖也往京城發了三十六封家書，其中半數以上是通過摺差傳遞。只此一項，就省去了一大筆開銷：

立夫復札，云初十前後方能發摺，則家信無處可寄，悶悶。擬由差局專遞，又須花廿餘金矣。思之不必。（二十九年閏四月初二日）

如果不由摺差捎帶，而是通過驛站專遞，則一次須費銀二十餘兩，成本未免過高。因此當何汝霖聽說兩江總督陸建瀛（字立夫）初十前後才能送發奏摺時，情緒顯得「悶悶」就不難理解了。

雖然享有諸多令民眾豔羨的榮耀和便利，但當國家或地方有難時，何汝霖等鄉居官員也有為之分憂的責任，尤其是像何汝霖這樣的高級官僚，更要起到表率作用。

道光二十八年水災，總督李星沅來與何汝霖商議捐賑之事。何汝霖「義不能辭」（二十八年七月二十一日），雖知「捐務一切恐不足濟事。奈水勢益長，而流離滿道，輒喚奈何，竟無忍心坐視之勢」（二十八年七月二十四日），於是不僅與士紳「商煮賑各事宜」（二十八年九月十八日），

而且捐銀兩千兩為之倡：「稚蘭太守來，捐賑銀二竿，面交攜去。」（二十八年十二月十三日）

道光二十九年水災，他不僅捐款修建浮橋以利行人：「聞新橋有將斷之勢，與房東熟商，擬搭浮橋以濟人行，且可保護也。」（二十九年五月二十二日）而且積極與官紳商議救災諸事：「午後制府由陸路泛舟來訪，商辦救荒急務，相與妥籌數事。」（二十九年五月二十二日）「耆王來談救荒各策。屠、方兩明府來商時事，告以趕設粥廠以安人心。城外大寺院安置災民，以備富家散給饃餅與錢文，並先以船救出被水而門不能出者。趕議撫恤，務令沾實惠，稍遲則所濟無多矣。」（二十九年五月二十一日）當官紳有畏難情緒之時，他還垂淚力勸：「粥廠之多設分設，為救荒第一要務，而各當道皆難之，紳士遂附和不辦，災戶嗷嗷，立望其死，忍哉忍哉。再四宛勸，並痛哭言之。」（二十九年五月二十八日）即使在臨近返京之際，他還在與官紳「商辦冬賑事宜」（二十九年七月初十日），「共商義賑各務」（二十九年八月十三日），可謂眷眷在民。

正是在這兩次水災和賑災過程中，何汝霖深刻感受到基層官吏的愚昧、麻木、自私和腐敗，不妨以孫炳煒、徐青照和沈濂三人為例略加說明。

孫炳煒是江寧北捕廳通判㉚，官居六品，北捕廳平時負責水上緝捕工作，因此也較多參與水災防治的決策工作。鑑於道光二十八年城內水災主要由江潮引起，孫通判在道光二十九年時於西水關外又增建一道石閘。其意可能是在水災來臨之際，既閉東水關防河水入城，又開西水關排洩城內積水，同時在西水關外築新閘以防江潮湧入。但何汝霖認為極不妥：「東關三洞進水，西關則僅一洞出水，且舊皆十一洞，其十皆不通外，豈有合城之水專賴一門宣洩。且十閘皆有閘板，日久為積土所淤，舊式曉然，辦工者均不體察，再疏數洞以暢其流，近又於閘外再添一閘，豈水之出閘復為外閘所束乎。孫通判之不通而謬，可恨萬狀。」（二十九年閏四月十三日）此閘之立，計費銀四千餘兩，何汝霖憤然曰：「非徒無益，而又害之。孫通判真可惡也，實為在省之蠹。」（二十九年閏四月十六日）「上年患在江水之入太驟，本年則江潮未至，孫通判力塞其出，可恨已極，言者均有食肉寢皮之願。」（二十九年閏四月十八日）事實證明新閘確實有害無益：「遣張福至水西門外看新閘，乃知閘以禦江潮，板全下而潮仍從下入。舊閘則全無所餘。內水雖出閘，而新閘阻之又不得出，孫通判可謂功在民生。宜乎怨聲載道矣。」（二十九年五月十一日）最後被兩江總督陸建瀛（字立夫）指示拆除：「立翁制府來深

㉚ 據《同治上江兩縣志》卷十三〈秩官〉，江寧府設有「知府一員，從四品；理事同知一員，正五品；江防船政同知一員，正五品；督糧同知一員，正五品；南捕通判一員，正六品；北捕通判一員，正六品；教授一員，正七品；復設訓導一員，從八品；照磨一員，從九品；檢校一員，未入流」。

談……西關新添之閘，無益有損，刻即啟板，緩拆去新閘為是。」（二十九年七月初七日）可笑的是，面對爭議，奉命查巡的胡道臺卻支持孫通判：「制軍札來，並夾批胡道查河稟詞，真可笑也。所說全捏詞護孫通判……稟內有『東關閉則後湖之水不能穿城而入』之句，後湖水不由東關入，豈不可笑，他多此類。」（二十九年閏四月十九日）後湖水由北水關入城，胡道臺連此都分不清楚，真可謂是糊塗道臺。

徐青照字稚蘭，浙江山陰人，寄籍順天大興，道光二年進士，道光二十四年至三十年任江寧知府，道光三十年五月升廬鳳道，未赴即卒。何汝霖本來對他印象不錯，認為他在道光二十八年的府試中「頗為認真」（二十八年五月十一日），「極為認真，每場皆子刻點名」（二十八年六月初三日），賑捐伊始，也認為他「沿途渡水，恭邀各紳設局商量，亦良苦矣」（二十八年七月二十二日）。但隨著賑捐的展開，何汝霖改變了看法：「北捕孫小軒炳煒來見，言捐局紳與官不和，情形甚悉。立卿、畸人之急、禮田之謬、稚蘭之笨，又無擔當，上面全無忌諱，以致口舌互起，可笑之至。」（二十八年九月初七日）不再認為他是一個認真而能吃苦的官員，轉而認為他是一個不勝任的笨官。到了道光二十九年水災後的賑濟，徐青照不僅推三阻四，而且還夥同上元、江寧二縣知縣，欲侵挪上年賑餘之款，何汝霖認為他「虛負正名」，至此終於露出老底，憤然把他歸於壞官之列：「祥垣、子楚來商稚蘭私動捐餘錢萬二千。『□』字

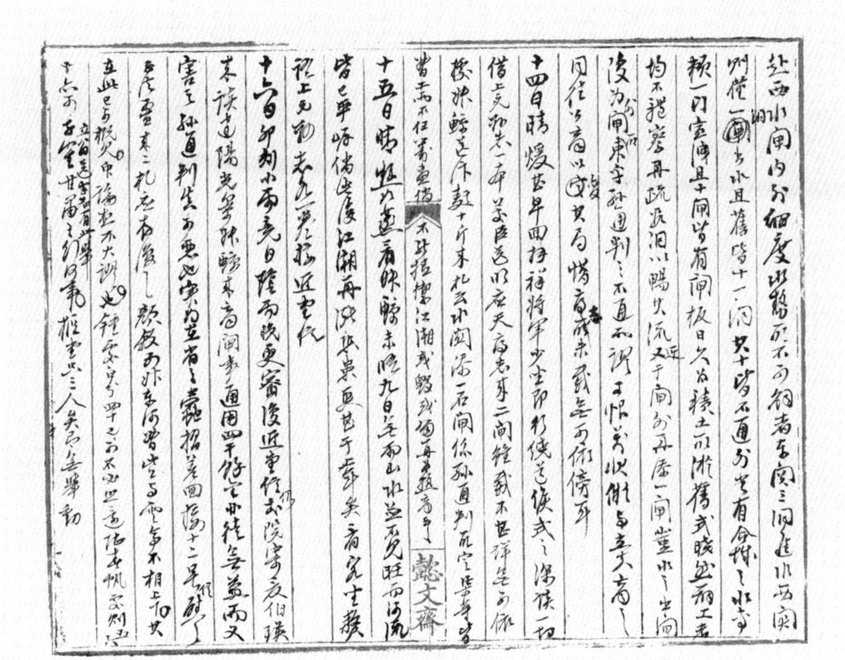

孫通判真可惡也（《何汝霖日記》道光二十九年閏四月十六日）

上改『借』為『提』，直欲侵豐備倉公項，必扣留在省，以便算賬。聞係挪償方令虧款也。可惡已極。又言粥廠之設，制軍原無成見，一府二縣，多方阻之之故，其議遂改，且摺內已說明動倉中生息銀九千餘，作撫恤之用並未與紳董商議，亦由稚老慫恿也。猝遇奇災，地方官漠不關心，但圖侵挪公項，吏治之壞如此，可恨哉。」（二十九年六月初二日）「候叔鯨同詣祥垣宅，商辦領稚蘭所借賑餘一萬二千串，出帳共閱，數多支吾。此公虛負正名，頗露不妥情事，當此奇災，府縣乃竟如此侵欺，天理何在。」（二十九年六月十一日）「知稚蘭帳雖呈出而款目多牽混處，不能服人，此公到此洩底矣。」（二十九年六月十六日）但徐青照旋即去世，何汝霖也未為已甚，給予了一定的同情：「稚蘭作古，情殊可憐。」（二十九年七月初九日）「復仲升先生及唁稚蘭並奠分，明辰擬交沈太守。」（二十九年七月二十九日）

繼徐青照之後的江寧知府是沈濂，他是沈鈞儒的曾祖，字景周，號蓮溪，浙江嘉興人，道光三年進士，曾任鎮江知府。接任江寧知府之前，他與何汝霖關係尚洽，但道光二十九年五月接任後，其賑災表現令何汝霖惡評不斷：「林章甫來談府縣視民災甚不緊要，聞制軍所議，頗嘆其迂，而沈濂尤滑不可名。言秋冬大賑，必糟可知。徐之糊塗，私挪捐款，已屬不成事體，沈則深蹧之，而反與眾紳為難。秣陵吏治壞極矣。」（二十九年六月十七日）「子楚來，言晤沈太守，全無憐憫之意，惟孳孳以賴捐款為能，外宦如斯固不足怪，而居心則不堪問矣。」

（二十九年六月十八日）「早赴護國庵看章甫，談撫恤事，甚言沈蓮溪全無人味，毫不關心，凡督藩所急辦者，多方阻撓，真無心肝者也。」（二十九年六月十九日）「水繼以旱，何災之重如是。昨章甫請發撫恤銀，沈濂掯而不予，林遂欲動義賑生息之銀，商之祥垣，復書甚痛快，乃以原書送林閱之，其議乃罷。沈濂巧計百出，又在稚蘭之右。此間吏治之不堪，真堪痛恨，惜無直指者耳。浮沉皆浙人，固宜如此也。」（二十九年六月二十日）「章甫來云昨見沈濂，處處留難，掣眾紳之肘，真陰滑人也。」（二十九年六月二十一日）官紳立場和想法容有不一致之處，但當此民生艱難，餓斃在即之時，不以賑濟為急務，說到底也是有虧官守的。

有意思的是，何汝霖將官員不肯用心地方賑務的某些原因歸結為是外籍人任地方官，造成對所轄地方只問政績不問民生。徐青照和沈濂都是浙江人，所以何汝霖云「浮沉皆浙人，固宜如此也」，上元縣令屠元瑞是大興人，江寧縣令方傳尹是桐城人，所以何汝霖借評沈濂云「外宦如斯固不足怪」。雖然何汝霖是朝廷高官，但他同時又是鄉里的一員，需要為地方爭取利益，從這個意義上說，他在一些問題上代表著紳的立場，與江寧地方官員的步調並不完全一致甚至有所對立㉛。這也是他居鄉屢覺其苦的原因之一。

㉛ 比如李星沅就很欣賞徐青照，當何汝霖說他笨時，李星沅認為何也許是聽了鄉紳的讒言。《李

五　餘論

宋代的兩個大文豪廬陵歐陽修和眉山蘇洵開創了宋以降的家譜體例（歐蘇譜式），強調敬宗收族，但是歐陽修晚年退居於安徽潁州（今阜陽），蘇洵的兒子蘇轍晚年也退居於河南許州（今許昌），他們為什麼不回到各自的故鄉居住？也許其中一個重要原因，正是敬宗收族的觀念，使宋代官員一旦入仕，照顧族人似乎成為一種義務，有的甚至為之入不敷出㉜，負擔過重，故不得不有所逃避。清代於此，似過之而無不及。常見達官顯宦，因食指浩繁，而負債累累者。對於他們，家鄉既是樂土的象徵，又是煩惱的淵藪；既是心靈中永遠避風的港灣，又是現實中急欲掙脫的夢魘。何汝霖應該也兼有並親身感受到了這種矛盾吧。

何汝霖的歸鄉，多半是出於無奈。他返鄉時借寓陸公巷，已說明其本沒有在家鄉置產的打算。出於風水和習俗，他要將亡母安葬於故土，這才回到了闊別二十多年的家鄉㉝。由於占有強勢地位和優勢資源，何汝霖本來居於食物鏈的上層，但回到故鄉，道德和情感上的反哺壓力急劇飆升，為了維持他的名望和身分，他經常要付出更多的實際利益。比如道光二十八年的賑捐，他由於幫襯太多，花銷太大，手頭已不寬裕，正在為捐一千兩還是兩千兩之間而煩惱，但是李星沅卻勸他須「捐二竿，方與現在地位相稱」（二十八年十一月三十日），最後何汝霖只好勉力籌措兩千兩捐出。又如他在受到鄉親豔羨和抬舉的同時，卻也必須考慮他們各種的告幫和請求，才能避免忘恩負義、不念舊情之類的道德指責。他像一隻肥碩的昆蟲，掉在縱橫交錯的人情大網中無法掙脫，而周圍趴滿了各種垂涎已久的蜘蛛。因此他才有時悲嘆「家鄉之人事，其壞如此」「家鄉凡稍有餘者，皆設法弄之以索錢，真不可居之地」（二十九年三月二十九日）。

何汝霖還不幸遭遇了兩場大洪水，他如照相機一般記錄水災過程，留下了珍貴的氣象水文資料；同時作為一位年近七旬的老人，他也飽受水災的折磨：「卅餘年來，甫經旋里，卒遇此災，亦時運所值也。如何如何！」（二十八年八月初三日）「跬步不能，實無生人之樂。七十衰翁，何以堪此。」（二十九年五月十四日）「再四思維，竟無良策。此數十年未嘗之苦也。」（二十九年五月十七日）「一夜不能就枕，繞屋而行數次，遍體生痱，癢而多痛，數十年未嘗此

星沅日記》道光二十八年九月初八日：「雨人來談，頗以稚蘭為笨，疑祥園與沈瑞不合為之構煽也。捐局僅逾四萬串，即令議撤。」中華書局一九八七年版，第七五九頁。

32. 參張劍《宋代家族與文學——以澶州晁氏為中心》，北京出版社二〇〇六年版，第七三頁；第八二頁。

33. 據何汝霖《知所止齋自訂年譜》，何上次回鄉是在道光二年（一八二二）。

苦。」（二十九年六月十一日）這是生命個體的真實質樸的籲喊，不以窮達而易之，同樣顯得珍貴。

除了對僕人、塾師之流的素質感到不滿和無奈，對親朋好友的糾纏索取感到厭倦和可笑，對自然環境加諸身心的摧殘感到痛苦恐懼，何汝霖對於地方的吏治風俗也痛心疾首，他經常指責江蘇吏治之壞，甚至將水災的原因也歸結於此：「彼蒼之怒甚深，良由江省近日吏治人心風俗，事事皆壞到極處也。」（二十九年六月初十日）相對而言，僕人與塾師是最近身的一個圈層，居於小家庭之外的親朋則是次近身的圈層，而自然生態（如水災）和政治生態（如官場吏治）則構成了何汝霖居住和活動的更遠但也更大的圈層，每個圈層都會對處於中心點的何汝霖產生反射影響。當種種反射影響皆非良性時，何汝霖如八面受敵，不由悲嘆：「事無大小，萬分懊惱，受氣著急，難以枚舉，此數十年未嘗境也。苦也何如，為日方長，恐難支架，老運之壞，一至於此，可怕可怕！」（二十八年八月二十日）

何汝霖的坦率和犀利，使其在日記中能夠深窺生活的底色，痛快淋漓地展示自己「在南度日如年之苦」（二十八年十月二十九日），他將別人日記中不想寫、不敢寫或者輕描淡寫的鄉居不愉快的一面濃彩繪出。

人心叵測，可惡可畏，居鄉誠不易也。（二十九年四月初三日）

何汝霖無所顧忌的書寫，讓我們看到官員鄉居生活的另外一面，看到一個陌生又熟悉的社會[34]。

[34] 本文主要從何汝霖的視角來敘述，自然會受其視角局限。如在何汝霖筆下如此不堪的夏家銑，在其他史料中卻是忠義凜然的形象；再如何汝霖對其侄孫承祜幾無褒詞，但在其子何兆瀛的《家書彙存》裡，承祜除了字寫得確實較差外，其他方面表現尚可：「承祜之為人要算十分老成佳子弟矣，近來常令其會人說話，竟能不穾不竭，甚中款要，看來主簿一席，必可遊刃有餘。」（道光二十八年三月二十六日信）這也提醒我們必須結合更多的史料，才能對研究對象有更立體、全面、客觀的把握。

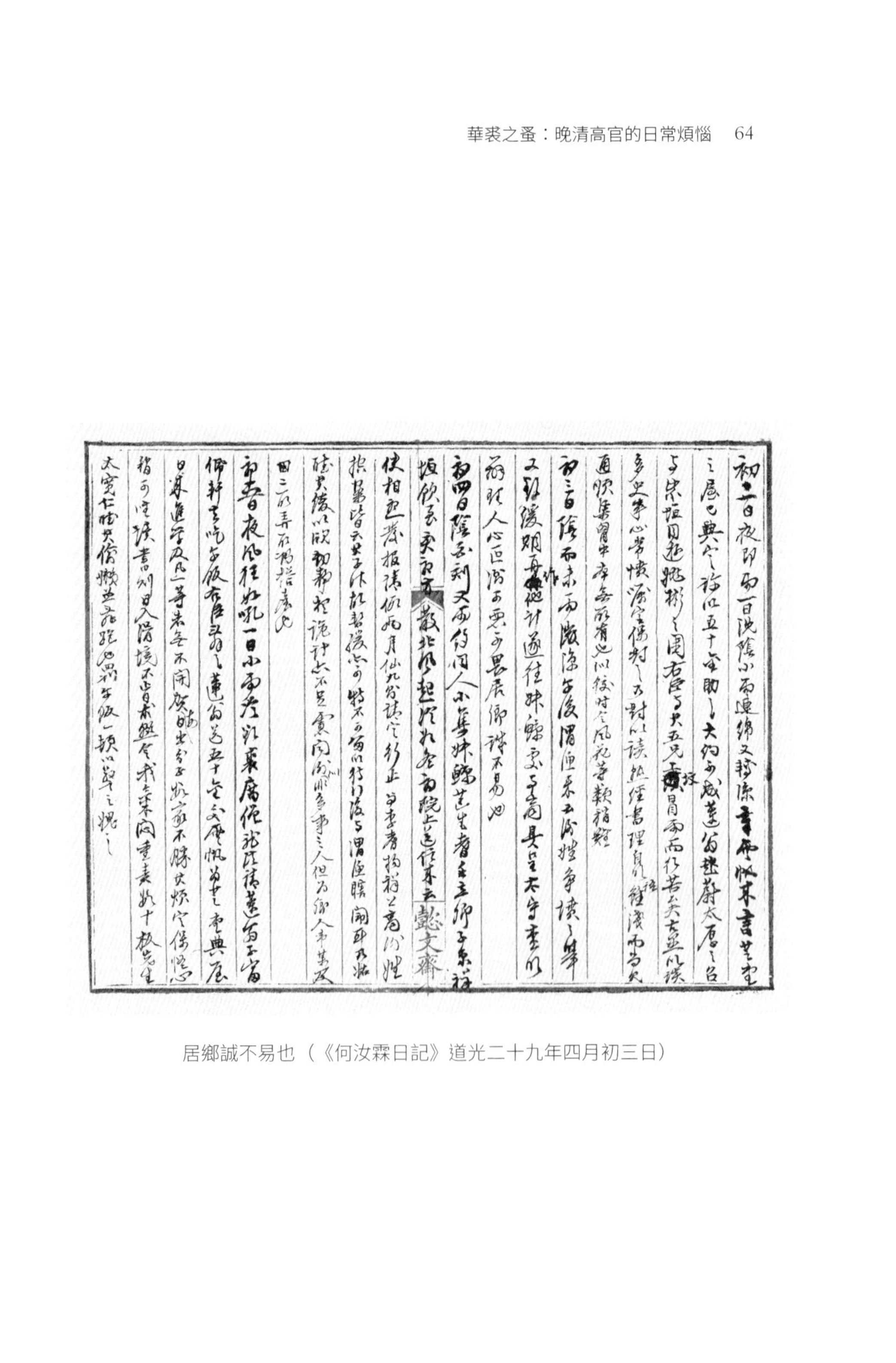

居鄉誠不易也（《何汝霖日記》道光二十九年四月初三日）

第二章

勿藥元是夢：四位名臣日記中的疾病書寫

醫患關係是一個複雜的社會問題，其中疾病是連接兩者的紐帶。歷代名醫醫案中不難搜獲大量對疾病、患者和治療過程非常生動的描述，但是難免誇大和粉飾，許多醫案醫話文采飛揚，直可作一篇筆記小說來閱讀。不過只聽一面之辭顯然是武斷、片面和不可靠的，我們還應傾聽來自患者或患者家屬的聲音。而日記，就是我們發掘此類材料的寶庫。然而遺憾的是研究者對此的重視還遠遠不夠。另外，雖然作為社會史的醫療史研究近年逐漸得到國內學者的關注，如余新忠的《清代江南的瘟疫與社會——一項醫療社會史的研究》（中國人民大學出版社二〇〇三年版）及其主編的《新史學》第九卷《醫療史的新探索》（中華書局二〇一七年版）都是引領風氣之作；但是利用晚清日記來做醫療史研究的論著卻並不多見，較有分量的專著僅見有張瑞博士的《疾病、治療與疾痛敘事——晚清日記中的醫療文化史》（南開大學二〇一四年博士論文）。

本文選取了季芝昌、曾國藩、廖壽恆、鹿傳霖四位晚清重要人物的日記，但並不是對他們日記中所涉及醫療文字的全部描述，也不著意去揭示醫患之間的複雜關係，而是在借鑑醫療史相關研究方法和成果的基礎上，將重心仍落於人物史的研究；本文主要揭示了四位朝廷名臣作為病者（季、曾、鹿）或病者家屬（廖）的經歷與感受，並藉此對人生相關問題有所思考，希望能在人物史與醫療史相結合方面做出一點嘗試。

一　季芝昌的引疾歸

季芝昌（一七九一－一八六一），原名震，字雲書，號仙九，別署丹魁堂主，江蘇江陰人。道光十二年進士，授編修。十三年，督山東學政。十九年，晉詹事，典江西鄉試。二十年，督浙江學政。母憂歸，服闋，擢內閣學士。二十三年，授禮部侍郎，督安徽學政。二十七年，充會試知貢舉，署戶部左侍郎，兼管三庫事務。二十八年，調補戶部倉場侍郎，命偕定郡王載銓籌辦長蘆鹽務，清查天津倉庫。二十九年，偕大學士耆英赴浙江閱兵，並清查倉庫，籌辦鹽務，授山西巡撫，未一月，召署吏部侍郎，命在軍機大臣上行走。尋授戶部侍郎。三十年，擢左都御史。咸豐元年，出為閩浙總督。二年，兼署福州將軍，尋以疾乞休。久之，卒於家，諡文敏。

季芝昌像

季芝昌道德、事功、文采俱佳，很受道光帝賞愛，帝曾諭王大臣曰：「季芝昌人明白，能辦事，操守好，朕所素知。」以侍郎入軍機者，向書「在軍機大臣上學習行走」，道光帝特諭不必寫「學習」二字，以示特殊恩遇。咸豐帝對季芝昌亦很器重，登基不久，即命其出為閩浙總督，寄以海疆重任。是時季芝昌年甫六十，假以時日，入閣為協揆甚至拜首揆都有可能。但是他卻急流勇退，引疾而歸，時人多所不解。曾國藩在〈閩浙總督季公墓志銘〉中就發問：「當公在閩引疾，方怪宏才若彼，重任如此，何遽謙讓勇退？」《清史稿》本傳讚美他是「奉身而退」「見幾知止」。其實他們均未注意到一個簡單的事實，季芝昌的引疾辭官，並非是厭倦官場或是知止全身之道，而是因為他的確有病不堪重負。這一點，我們從藏於南京圖書館的六冊季芝昌日記手稿❶中可以獲得更多的訊息。

據季芝昌之子季念詒說，季芝昌「體質素本強健，服官中外，竭慮殫精，五旬以後，心氣漸形不足」（《丹魁堂自訂年譜》跋語）。可能由於「竭慮殫精」而積勞成疾，季芝昌在道光三十年庚戌得了一種嚴重的肝疾：

昨稍受風，觸動肝疾，辰巳間腹脹大甚，頗有橫決之勢，逾時食豆蔻稍定。（咸豐五年五月二十日）

盛暑肝氣稍平，而時時呃逆，薁田來換方，中虛氣弱，老病驟增，可勝感喟，夜以呃逆少眠。（咸豐五年五月二十二日）

肝氣大作，勉強酬客，客去亦不能送。雖嘔吐不鬆減，腹如重物壓之，至夜半疲睡乃痛止。（咸豐五年七月十三日）

肝疾屢發，面目皆有黃色，庚戌春間在京病狀相似。（咸豐五年七月十五日）

雖然道光三十年季芝昌日記缺佚，但借助其咸豐五年日記，亦可以推斷道光三十年春天的這次肝疾，症狀為腹脹、呃逆、嘔吐、少眠、全身發黃，應屬肝胃不和，中醫稱「嘔逆」「肝鬱」「黃疸」，今天西醫診斷屬於「慢性肝炎」「膽汁反流性胃炎」之類疾病。肝臟是人體各種物質合成和分解的化工廠，較重的體力勞動和緊張的腦力勞動都會加速物質代謝，加重肝臟負擔，一旦患了肝病，便意味著不宜從事高強度的體力或腦力勞動。

但是季芝昌未能得到適宜休息，反被授任公事更為繁劇的閩浙總督，再加上途中奔波，結果尚未到任，肝疾又發：

❶ 季芝昌日記現藏南京圖書館，稿本六冊，時間起止為道光二十九年四月十六日至九月十三日，咸豐元年六月十六日至咸豐十年十一月二十九日。

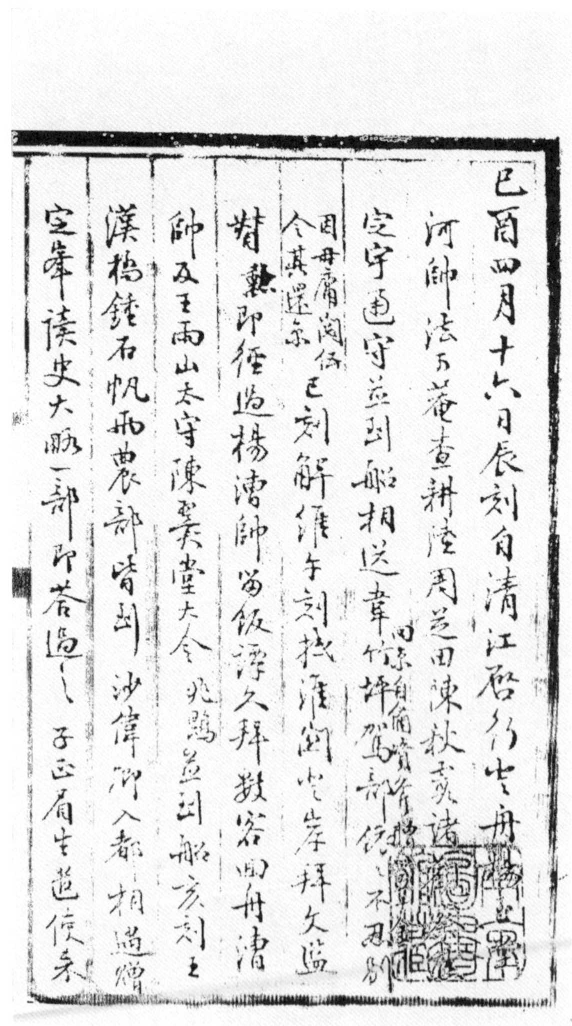

《季芝昌日記》首頁

> 卯初行，巳正一刻黃田驛尖……是日秋暑不可耐，體中甚累，燈下了公事數件，就睡稍遲，竟夜不寐，肝疾復作，憊苦異常。（咸豐元年八月二十三日）

八月二十六日上任接篆，勉力工作不到一個月，又添新病，終於無法支撐，上奏請求開缺調理：

> 閏八月初九日：辰刻過堂五案。夜子正，大病。
>
> 初十日：考試新選教官。病勢甚劇。
>
> 十一日：服鄭學博瑞鳳，號桐村所定方。
>
> 十二日：申刻發請開缺調理摺，將總督關防、鹽政印信移交將軍，兼署巡撫關防交藩司護理。
>
> 十六日：稍可下榻，猶須僕輩夾持也。

此處僅言「大病」，而未言何病？季芝昌閏八月十二日的「開缺調理摺」內有較詳細的描述：

> 奏為微臣驟患暈厥重症，自揣難期速痊，懇恩開缺調理，並將督撫各篆務分交福

《季芝昌日記》咸豐元年閏八月初九至十六日

州將軍同福建藩司暫行兼署護理，恭摺奏祈聖鑑事。竊臣欽奉恩命，補授閩浙總督，於八月二十六日抵閩省接印任事，當將任事日期恭摺奏報在案。伏念閩浙總督管轄兩省政務，本極殷繁，加以福建巡撫篆務現亦係臣暫行兼理，兩處福案親加核判，實已旰夕不遑；而又賦性迂拘，雖細微之事亦不肯稍從忽略；復初署外任，情形未熟，遇事詳查，更為費手。是以受事旬餘，自卯正至亥子之交，無一刻稍暇。當三五日之內，身體雖極勞乏而眠食尚俱如常，及八九日以後飲食即漸減少，心思亦甚恍惚，然自問精力尤可搘拄，仍復照常辦事，不敢因此懈忽。詎至閏八月初九亥正，忽然頭目昏眩，身體厥冷，經家人扶至牀上睡臥，尚屬不省人事，逾時蘇醒，覺心神搖蕩，視牀屋皆如轉旋。現遍身自汗，淫淫不止，且復不時作嘔，又止黃水，並無他物。急延醫生診視，據云氣體本極虧弱，兼之操勞過度，以致心氣虛耗，神不守舍，轉成暈厥之症，必須寬以時日，靜心調養，斷非刻期所能痊復等語……❷

咸豐六年四月二十四的日記中也有追憶：「晨起頭暈大作，嘔吐不已，如初至福建時病狀，終日不能離牀。」原來主要症狀是「頭暈」，從「心神搖蕩，視牀屋皆如轉旋」以至嘔

❷中國第一歷史檔案館藏軍機處錄副奏摺。

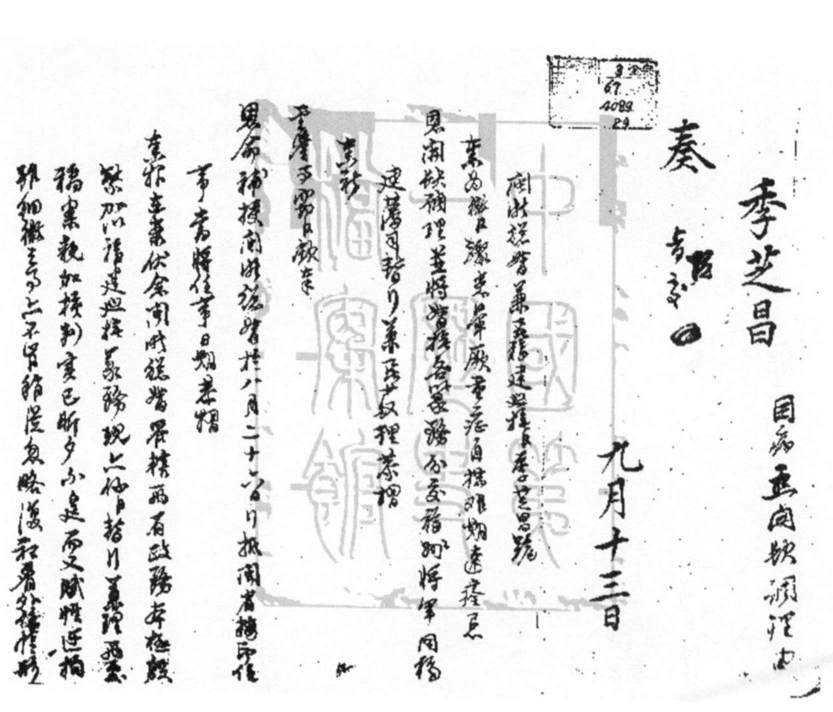

3
67
4089
29

季芝昌

奏

九月十三日

中國第一歷史檔案館藏軍機處錄副奏摺（一）

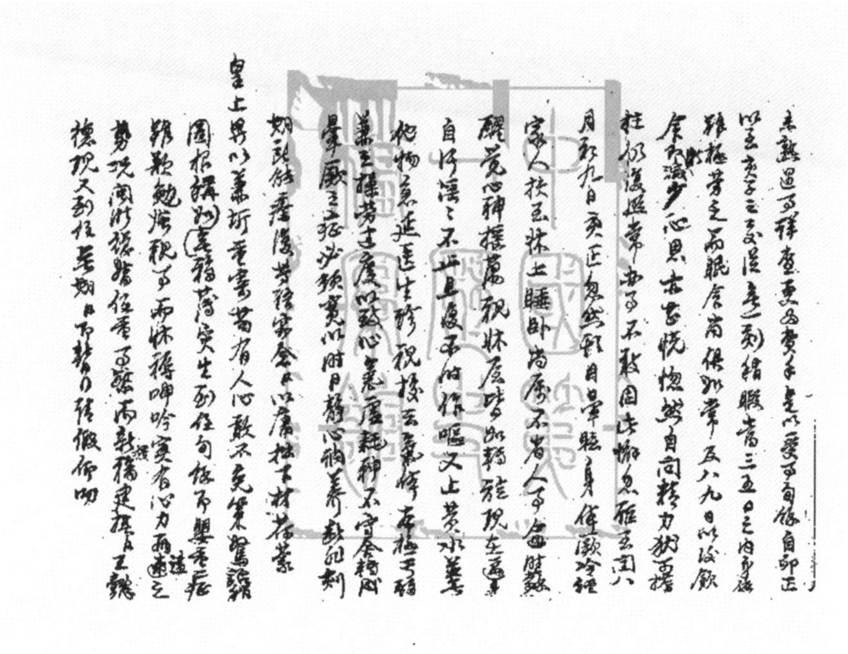

中國第一歷史檔案館藏軍機處錄副奏摺（二）

吐出黃水（膽汁）的描述看，應該屬於暈厥重症，西醫原稱為「美尼爾氏綜合症」❸，季芝昌屬於較重型，自然會喪失正常的工作能力。季芝昌在《丹魁堂自訂年譜》「咸豐元年閏八月初九日」條云：「驟患暈厥，自揣難期速痊，瀝情奏請開缺調理。」恰可與相關日記、奏摺參照對讀。

後來經過一段時期的治療和休息，季芝昌的病情有所好轉，再加上咸豐帝不允開缺，只允給假一個月調理，因此季芝昌假滿後又照常就職；至咸豐二年四月，頭暈復作，且心神恍惚、眠不安穩，實難正常履職，不得不再次請求開缺。季芝昌《丹魁堂自訂年譜》「咸豐二年」條曾自述：「自四月中旬，舊患頭暈復作，心神搖蕩。……多方調治，而心血過虧，證已類似怔忡，非旦夕所能痊復。不得已，奏請開缺聲明。」此期間的日記則記載如下：

咸豐二年四月十一日：巳初出東門，至東嶽廟，勸賞老壯農夫計一百七十一名。連日體中不快。

十三日：見客。先邀徐巡捕診脈，鄭桐村來，定方服之。夜雨。

十五日：以病不能行香，火神誕辰，於署內行禮。春巖來。鄭桐村來診脈。

十七日：連日因浙事甚忙，不自顧疾之在體也。夜雨，自草附陳病體情形一片。

二十八日：見客，箭道考校十四人……半夜未寐，雖食藥無裨也。

二十九日：悶懷益甚，心疾較月望前尤劇。

五月十九日：鄭桐村來診視。時有大風，亦有飛雨，擬乞假一月，屬首府告之中丞。

二十日：見司道、中軍、首府。莘農來。春巖來，與定二十五日交篆。

二十五日：卯刻發摺，辰刻交印。

六月二十四日：卯刻封請開缺摺及查覆運本數目摺，並鄞縣事附片，於明日拜發。

二十五日：辰刻發摺。

所謂「心疾」，即《丹魁堂自訂年譜》中「心神搖蕩」的「怔忡」之症也。「怔忡」乃中醫叫法，西醫無對應名稱，大約指氣血陰陽虧虛而導致的心律不齊、心神不安、睡眠不穩、

❸「美尼爾氏綜合症」是世界公認的疑難雜症，主要症狀表現為如同乘船於大海巨浪中，站立不穩，噁心、嘔吐，感覺自身、周圍景物在旋轉，天地都在旋轉，伴有出汗、耳鳴等，至今該病找不到特別有效的治療手段。

難以自主等症狀。這才是季芝昌無奈辭官的真實原因。不過，由五月十九日與二十五日的日記，可知伊始季芝昌只是想請假一個月（五月二十五日至六月二十五日）調理身體，但是由於效果不佳，假滿後始決意奏請開缺。由六月二十四日的日記，可知季芝昌此次奏請開缺的具體時間在咸豐二年六月二十五日。

之後該年的日記，仍不斷有鄭桐村來診視的記錄，可見季芝昌病體一直未能痊癒。而其七月二十五日與九月初三日的日記，則分別記錄了咸豐帝對於其乞假一個月的奏摺與奏請開缺摺的批示：

七月二十五日：鄭桐村來診視。吏部遞到七月初一日奉上諭：「季芝昌奏舊疾復作，懇請賞假調理一摺，季芝昌賞假三個月，安心調理，閩浙總督著王懿德兼署，欽此。」乞假一月而恩賞三月，不知開缺折摺到，能邀俞允否耳。未刻雨，竟日陰涼如昨。腹瀉幸癒，尚不食飯。

九月初三日：雨時作時止。司道見，過康海。酉初接批摺，開缺摺奉朱批：「著暫緩開缺，俟假限已滿，再行酌量。海疆要地，一切吏治營伍實賴卿整飭，卿其緩緩調理，不可性急，欽此。」感蒙溫旨慰留，不敢再行續請，擬趕緊再加調治，暫且回任聽候諭旨。

請假一個月而給假三個月，又答應假滿後視情況而定，足見咸豐帝對季芝昌的厚愛與倚重，這也令季芝昌不得不感恩戴德，在假滿病體仍未癒的情況下力疾工作，並如實拜摺陳奏：

九月初十日：換戴暖帽，見客較多，並酌改回任奏稿，憊不可支，幾欲臥倒。

十一日：霜降，本擬出門拜客，演習步履，以昨病不果，仍邀桐村診視。

十五日：見司道。巳刻接篆，拜摺。

咸豐帝見到季芝昌假滿病仍未痊的奏摺後，才終於批准他開缺回籍調理：

十一月初九日：酉初二刻接准部諮：十月十五日奉上諭：「季芝昌奏假限已滿，病尚未痊，暫行回任一摺。季芝昌病體尚未痊癒，著加恩准其開缺回籍調理，欽此。」感沐聖慈，曲體得釋仔肩，真不才之幸也。夜少寐，丑正即起。

由於季芝昌在江陰故里沒有置辦田產，咸豐二年十一月十五日他交卸後並沒有返回江陰，而是到常熟做起了寓公。從季芝昌歸田後的日記看，他的身體得到了較好的恢復，雖然年紀愈加老邁，但嚴重的怔忡和暈厥只在咸豐四年九月和咸豐六年四月發生過：

咸豐四年九月十三日：補眠未穩，頗似怔忡復發。

二十四日：怔忡不可耐，早就睡。

二十五日：竟日寂靜無一事，怔忡稍減。

二十九日：怔忡差間，漸可觀書。

咸豐六年四月二十四日：晨起頭暈大作，嘔吐不已，如初至福建時病狀，終日不能離牀，延萼田診視食藥。

二十五日：食藥稍可扶杖出戶，一至書齋。竹亭、昆圃皆來問疾。

二十七日：體倦尚未能飯。

二十九日：頭暈仍作。

三十日：暈眩不減，邀萼田來診視食藥。

而肝疾大發也只有咸豐五年那次。至於感冒、腳氣、腿腫、便祕等，皆是老人常見病，不足為怪。不過，咸豐六年十二月，季芝昌由於中風造成足軟的後遺症，倒是給他的暮年生活帶來了更為日常性的不便：

十二月初十日：晴。研培來同飯。左足忽然無力，履地不仁。

十三日：曉起下牀傾跌，左足益疲曳不任步，兩人扶持，甚累，蓴田來診視，夜服再造丸。

十四日：病勢有增無減。夜仍服再造丸。

十六日：曉服再造丸。……坐椅而行。

季芝昌咸豐六年之後的生活，其子季念詒在《丹魁堂自訂年譜》跋語中有簡要描述：「丙辰復得偏中之證。時已奉在籍團練之諭，足痿不能出戶，惟與遠近官紳函商辦理，並捐貲以為之倡。暇則展卷、課孫、澆花、種竹，與二三老友迭相倡和。去年四月金陵兵潰，蘇常失事，塊然獨坐，憤懣益深。夏杪感受暑濕成瘧，又值賊蹤四出，鄉團潰散，居民驚擾不安，不孝乃涕泣堅請移寓通州。方冀漸遠烽煙，可以安心調理，詎意抵通後，泄瀉復作。時不孝奉派辦團，羈留公局，聞信趲行省視，亟進醫藥，而病勢已日加劇矣。北渡之前，猝遇萑苻，服飾、衣資悉遭胠奪，至通幾無以為生，府君處之淡然。謂不孝曰：『我清貧之況，素所習慣，身外之物，亦何足深惜。』乃九十月間，迭聞都門警報，肝氣上逆，食入即吐，勉進清補降逆之劑，迄無見效，竟於十一月三十日亥時棄養。彌留之際，神明不衰，猶以逆焰方張，未能力疾從戎，上負恩遇，伏枕流涕而絕，嗚呼痛哉！」

有意思的是，南京圖書館藏季芝昌日記手稿中夾有一頁稿紙，上書「預備遺摺」，內容係季芝昌事先擬好的遺摺草稿：

前任閩浙總督臣季△△跪奏為天恩未報、臣病垂危、伏枕哀鳴、仰祈聖鑒事。竊臣一介寒微，蒙宣宗成皇帝特達之知，由翰林兩遇大考，超擢洊躋卿貳，疊掌文衡，外膺旌節，兩直樞廷。皇上御極之初，日侍天顏，一載有半，仰承簡任總憲，充實錄館正副總裁，旋命出督閩浙。方期勉效涓埃，稍酬恩遇，嗣因病患纏連，上廑宸念，屢沐溫綸勖慰，寬給假期，卸任後猶蒙賞戴花翎。凡此兩朝優渥，實深銜結畢生。自咸豐三年回籍，僑寓常熟，適值江、鎮等府賊警，諭令協辦團練、勸捐事宜。臣足痿不能出門，憤懣填膺，恨不力疾從戎，身親金革，又不克趨詣闕廷，一申依慕積悃。每逢地方官、邑紳就臣寓相見，時時勉以大義，熟商妥辦。仰賴聖主洪福，蘇、常一帶幸保無虞。臣舊病未痊，六年十二月復嬰偏廢，醫療無靈，本年元氣日竭，病勢益增，桑榆之景難回，犬馬之情何極，從此長辭聖世，哽咽不勝。臣惟有遺囑臣子翰林院編修念詒、長孫正二品蔭生綸全、次孫邦楨清勤供職，黽勉讀書，竟臣未竟之志，以仰報鴻慈於萬一，銜哀餘喘，無任戀結之至。謹奏。

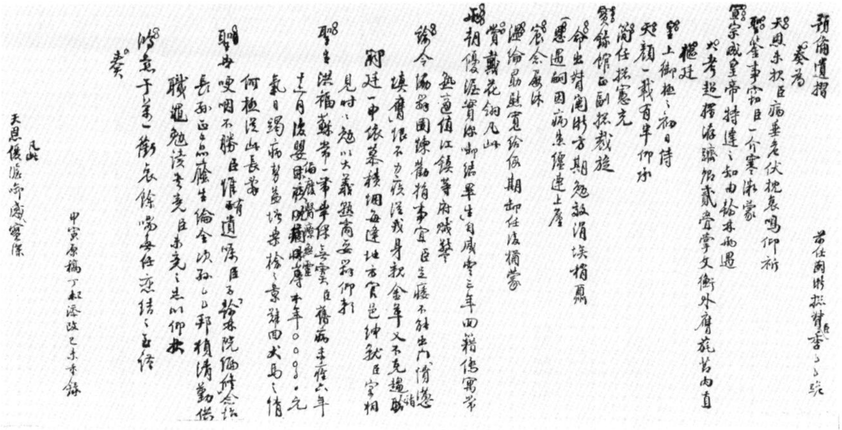

季芝昌預備遺摺

其後季芝昌注云：「甲寅原稿，丁巳添改，己未重錄。」看來他從咸豐四年甲寅起就準備好了遺摺，咸豐七年丁巳又予添改，咸豐九年己未又重錄一過。在季芝昌寫作、添改、重錄遺摺的過程中，他難免一次次預演和想像著自己的死亡；也許，在這位多病纏身的老人看來，死亡並不可懼，反而會是一種比較輕鬆的解脫吧。不過，這份願望，直到次年的十一月三十日才最終得以實現。

二　曾國藩的勿藥夢

「有病不治，常得中醫。」其語源於《漢書．藝文志》的「經方」序：

> 經方者，本草石之寒溫，量疾病之淺深，假藥味之滋，因氣感之宜，辯五苦六辛，致水火之齊，以通閉解結，反之於平。及失其宜者，以熱益熱，以寒增寒，精氣內傷，不見於外，是所獨失也。故諺曰：有病不治，常得中醫。

大意是說適宜的方劑雖能恢復機體的平衡和健康，但誤用經方則會傷及人體內的精氣；鑑於病象複雜，良醫難求，庸醫遍地，誤用經方的概率很高，因此有了疾病不去治療，依靠自身

機能恢復，其實是符合醫理的，至少相當於得到了中等水準的醫治❹。這無疑是從防愚醫之弊的角度所發，不過在社會上也有相當普遍的接受基礎，以至變成了一則民諺。

曾國藩（一八一一—一八七二）的祖父曾玉屏（號星岡），就留下過「不信醫藥，不信僧巫，不信地仙」的家訓。咸豐十年十二月二十四日，曾國藩致乃弟曾國潢的信中云：「吾祖星岡公在時，不信醫藥，不信僧巫，不信地仙，此三者，弟必能一一記憶。今我輩兄弟亦宜略法此意，以紹家風。」

其實數日前，曾國藩已在日記中❺記述此事，並痛悔自己不能繼志，表示今後要與諸弟一起恢復家風：

> 默念吾祖父星岡在時，不信醫藥，不信僧巫，不信地仙，卓識定志，確乎不可搖奪，實為子孫者所當遵守。近年，家中兄弟子侄於此三者，皆不免相反。余之不信僧巫，不信地仙，頗能謹遵祖訓、父訓，而不能不信藥，自八年秋起，常服鹿茸丸，是

❹ 參羅寶珍〈「有病不治，常得中醫」考〉，《中華中醫藥雜誌》二〇一六年第八期。

❺ 曾國藩日記，以岳麓書社《曾國藩全集》本所收最全，時間起止為道光十九年正月至道光二十五年二月，咸豐八年三月至同治十一年二月。

亦不能繼志之一端也。以後當漸漸戒止，並函誡諸弟，戒信僧巫、地仙等事，以紹家風。（《曾國藩日記》咸豐十年十二月二十日）

果然，此後數月，他不再服食補藥：「前此二月，不服鹿茸丸，反得安睡。」（咸豐十一年二月十二日記）不過，曾國藩的勿藥之夢並沒有貫徹如一，對於服藥不服藥，他其實有過反復，當疾病的痛苦使其無法忍耐時，為了減輕痛苦，他什麼法子都願意嘗試，醫藥當然也屬於重要的備選項之一。

咸豐十一年，他的癬瘡之症大發，全身奇癢無比，爬搔至皮膚糜爛，生趣蕭然，其日記載：「瘡癢異常，意趣蕭索，蓋體氣衰頹，日少歡悰也。」（四月二十日）「遍身瘡癢，寂然寡歡。」（四月二十三日）「余以遍體瘡癢，兩手作疼，不能作一事，終日愁悶而已。」（四月二十五日）「余遍身瘡癢，坐臥不安。」（四月二十七日）「日內瘡癢異常，幾與道光二十六年癬盛時同一苦況，治官事深以為苦。」（五月初五日）❻「瘡癢，爬搔不能少停。……是夜，通夕不成眠，瘡癢，迥異尋常。」（五月初九日）「余向來怕熱，近年尤甚，今年遍身生瘡癬熱毒，本日酷熱，幾若無以自存活者。」（五月十七日）「遍身痛癢，幾無完膚，意思蕭瑟，若有不自得者，徹夜不能成寐。」（五月二十一日）「手不停爬，兩手兩臀皆爛而痛。」（五月三十日）「臀

痛不能坐，手癢不能動，故諸事廢閣。」（六月初二日）「癬癢異常，手不停爬，左腿已爬搔糜爛，皮熱作疼……近日，瘡微痊而癬又作，悉身無完膚，意緒凋疏。」（六月二十二日）實是苦不堪言，痛不欲生。

堅持到十月，曾國藩終於開始服藥，並對其效驗表示有所相信：「連日瘡癢，如有芒刺者。本日，開方服歸芍地黃湯，而參以吉林參一錢。」（十月十八日）「睡後，頗能成寐，或服地黃之故耶。」（十月十九日）「睡頗成寐，四更未醒。身上雖癢，而不似前此之若有芒刺者，殆服藥有驗耳。」（十月二十日）「睡不成寐，連日服藥，身上奇癢略癒，而不能安寢如故。」（十月二十三日）「二更三點睡，略能成寐，或二日服生地之效。」（十月二十七日）「坐次確睡，即有成寐之意，或日內服生地之功耶。」（十月二十八日）「三點睡，頗能成寐。或是弢甫（周騰虎）開方，服生地之效。」（十一月初二日）「弢甫為余看脈，言癬疾多年，其故在血熱，其風邪入氣化之中，不宜服溫補之品，宜服滋陰涼血之劑，參茸俱不宜服，惟珍珠當有效驗云云。」

❻ 道光二十五年三月至咸豐八年二月的曾國藩日記雖然缺佚，但由其書信可知，道光二十六年的癬病是由鄒墨林治癒：「予之癬病，多年沉痼，賴鄒墨林舉黃芪附片方，竟得全癒。內人六月之病亦極沉重，幸墨林診治，遂得化險為夷，變危為安。」（道光二十九年七月十五日曾國藩致乃弟家書）

曾國藩雕塑

（十一月初五日）「三點後睡，不甚成寐，而遍身之癢略癒，蓋本日服弢甫之方藥，皆生地、連翹、防風等苦涼之品，或足以醫血熱之症也。」（十一月初九日）

但病魔的反撲很快擊潰了他對於醫藥本來就不牢固的信心：

> 睡不甚成寐。遍身奇癢，深以為苦，較之道光二十五六年初起癬疾之時，其苦似倍。弢甫為余製丸藥，方有珍珠、麝香等物，本夜服十丸。（十一月十二日）
>
> 瘡癬奇癢，不可耐，幾於身無完膚，良以為苦。（十一月十七日）
>
> 三更睡，癬癢殊甚，爬落白皮極多。日內思家運太隆，虛名太大，物極必衰，理有固然，為之悚皇無已。（十二月初六日）
>
> 癬癢殊甚，徹夜不甚成寐，深以為苦。（十二月二十九日）

藥方無效，使他一度不得不從數理天命、陰陽變化的角度去尋找自己得病之因。延至同治元年二月，他的癬瘡忽然不藥而癒：

> 近日瘡癬少癒，不甚痛癢，不知何故，豈濕氣已盡除耶？（二月十五日）

此前，他為了治療自己的睡眠不良，只服過兩帖歸脾湯，但這個藥方明顯不是治療癬瘡的，因此曾國藩才會書以「不知何故」四字。從此之後，曾氏日記裡確實罕見有癬瘡的記載，可見此病確實算是好了。從本年開始，睡眠一向欠佳的曾國藩忽然常能酣眠：

四點睡，又得酣寢。累年不能成寐之病，今春忽得痊癒，連宵多得美睡，殊不可解，豈俗所謂時好運好，百病皆除耶？抑憂勤變為逸豫，清明變為昏濁，為衰耗之徵耶？（二月二十五日）

余近日渴睡甚多，不似往年之竟夕不寐。每逢節氣，輒服歸脾湯三帖。本日值立夏節，渴睡尤甚。接澄弟信，謂脾胃甚好之故，豈果服藥之功耶？抑昏倦頹放，暮景不能自振耶？（四月初八日）

昨數日疲倦殊甚，昨夜服歸脾湯一帖，本日神氣較王，然則藥物不可盡信，亦不可盡不信也。（四月十八日）

他一會懷疑是服藥的療效，一會懷疑是身體機能邁入暮年的徵兆，甚至說出「藥物不可盡信，亦不可盡不信」這樣辯證的話來。但是這種對於藥物療效半信半疑的態度很快又轉變了，同治元年七月二十五日他在致曾國荃和曾國葆的信中仍堅持了有病勿藥的信念：

> 余閱歷已久，覺有病時，斷不可吃藥；無病時，可偶服補劑調理，亦不可多。吳彤雲大病二十日，竟以不藥而癒。鄧寅皆終身多病，未嘗服藥一次。季弟病時好服藥，且好易方，沅弟服補劑，失之太多。故余切戒之，望弟牢記之。……吾輩仰法家訓，惟早起、務農、疏醫、遠巫四者，尤為切要。

在同治二年至同治五年的上半年，他除了偶爾服食人參、鹿茸等補藥外，其日記中似未見到因病服藥的記錄。即使是出現了嘔吐等症，他也只是節制飲食以應之：

> 早飯後，忽作嘔吐。余向有此病，每數月或半年輒發一次，大約浮熱滯於上焦，飲食尚未消化，而後之飲食繼至，故煩滿而作嘔。每次禁腥葷，節飲食，即可痊癒。（同治二年五月二十七日）

同治五年七月，一場疾病猛然撲至，曾國藩「筋骨酸疼，畏寒頭疼」（二十二日），病倒在牀，礙不過親友的苦勸，他服了兩劑桂枝湯，稍好即又「堅持不服藥之說」，後來病勢加重，只好再服桂枝湯，然痊癒後復自責未守勿藥之戒：

> 筋骨酸疼，畏寒如故，又加腹痛作脹，大溲又不爽快，常在牀上歪睡……酉正張

唐家渠閻丹初信一陪希庵談至二更方散又与沅弟
談至二更四點睡不甚成寐近日瘡癬少愈不甚痛
癢不知何故豈濕氣已盡除耶

十六日

早起与九弟邀談飯後見客七次圍棋一局核改信稿
三件中飯後清理文件寫信季弟一雲琴一多禮堂
一件剃頭一次王錫冠璞與韞泉來久坐燈後九弟邀
談至三更止睡不甚成寐日內因希庵沅弟新到

瘡癬少癒，不甚痛癢（《曾國藩日記》同治元年二月十五日）

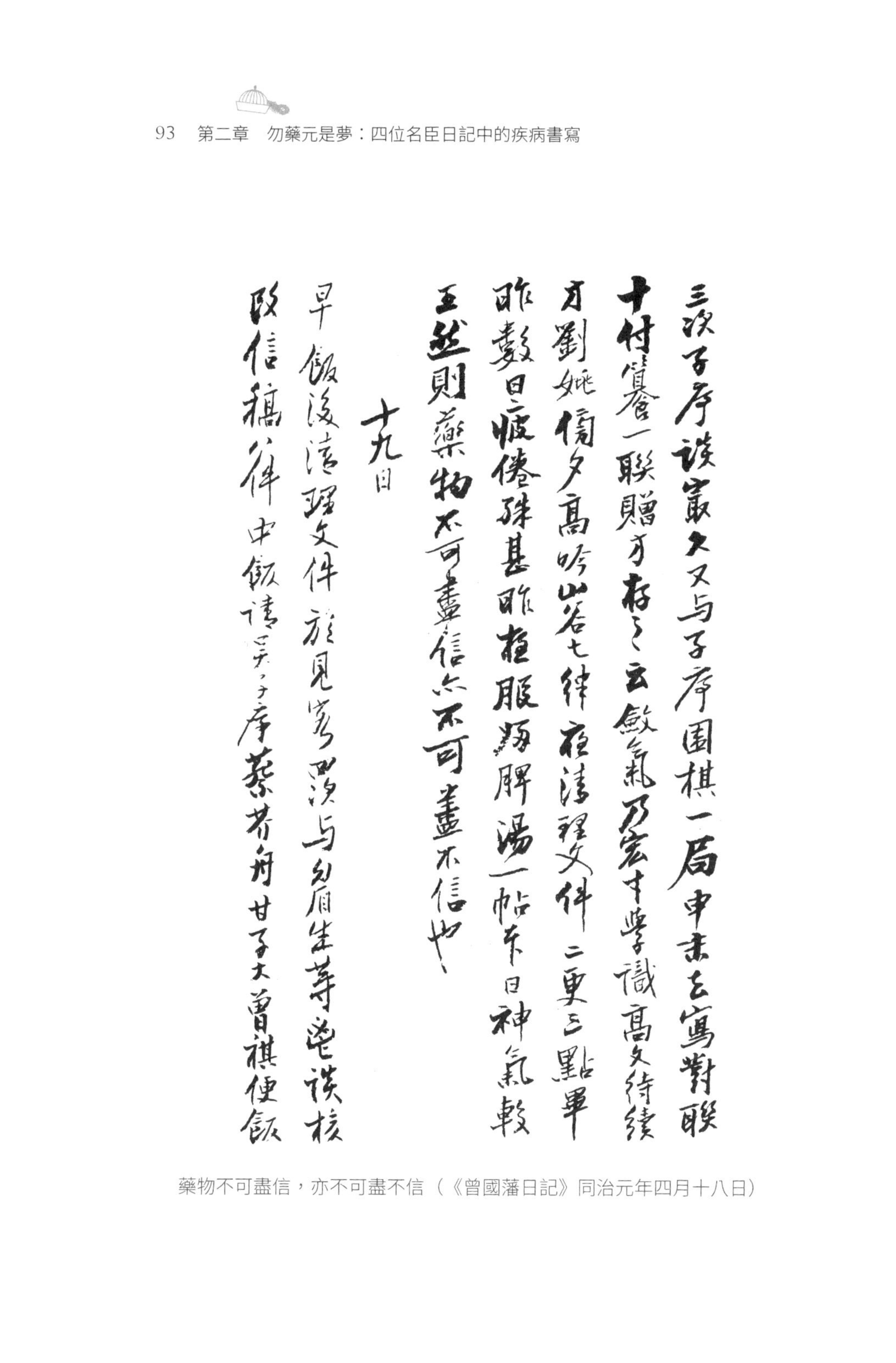

藥物不可盡信，亦不可盡不信（《曾國藩日記》同治元年四月十八日）

敬堂來，勸服藥一二帖，因舉方桂枝湯，渠親自揀藥煎藥。至二更三點，守候余服藥後乃去。（二十三日）

服桂支湯第二帖，服後覺發熱腹疼，甚有瞑眩之象，至申刻乃稍平靖。傍夕，疲困之至。昌期、敬堂諸人均來候視。病有增加之勢。夜二更三點後睡，幸能成寐，至五更乃醒，則病減矣。乃知藥之對病者亦須閱八九個時辰，或酣睡一覺，乃能奏效也。（二十四日）

早起，覺病大減，診脈亦平和……傍夕，昌期、敬堂諸人來視，余堅持不服藥之說。（二十五日）

早起，診脈者皆言有濕滯，余但請人診視，而堅不吃藥。（二十六日）

早起，診脈如故。……自覺太勞，登時發熱，病加重。張敬堂來診，脈象不好。昌期、葉亭及從人等均有憂色，勸余服藥。因又定服桂支湯，直至三更四點始煎好服之。（二十七日）

早起，昌期、敬堂等來見，診脈。……又張敬堂等來診病，久坐時許。余以外病已去，僅有腹疼，寒在下焦，因議定服薑附，二更服之。（二十八日）

夜睡至三更四點，汗透衣襟，有似醫家之所謂自汗者，蓋三帖共服桂支一兩八錢，

為分太重之咎。乃知凡藥皆可傷人，悔不堅守弗藥之戒。（三十日）

這幾天的日記生動反映出曾國藩對醫藥半信半疑、既有所依賴又深懷畏懼的矛盾心態。值得一提的是，從同治二年開始，其日記不斷出現「眼紅且蒙」「眼紅而疼」「眼蒙殊甚」甚至「不能治事」的記錄，但並沒有引起曾國藩足夠的重視。

同治六年的上半年，曾國藩除了「眼蒙」「牙疼」外，還得過一次風寒感冒，友人雖然診脈開方，他卻堅持沒有服用，硬抗了過去：

是日本有小疾，勉強治事甚多，支撐過去。（六月初九日）

二更後病困彌甚，劉開生等診脈，甚虛，舉方黃芪、熟地等味，煎好而不敢吃，恐有濕熱風寒外症也。（六月十三日）

疲病殊甚，不能治事……旋與惠甫一談，請其診脈，虛弱中微有外感，頭熱肩疼亦似外感……三更後成寐，上身出汗，蓋午刻吃蔥薑煮麵，至是始驗病可解矣。（六月十四日）

但是下半年九月來勢更為兇猛的傷風，以及由此引發的劇烈咳嗽，卻使曾國藩無法支撐，不得不在半推半就中服用了藥物：

鼻塞，腹上發熱，又時咳嗽，蓋傷風也。（十七日）

請惠甫看脈舉方，傍夕服藥，二更後稍覺輕減，出汗少許，發熱頭疼等症均癒，惟咳嗽未癒。（十九日）

夜再看脈，二更後服藥。竟夕不能成寐，咳亦竟夕不止。四更時，上身出汗頗多，然未能解散表邪，但覺病勢已增，深以為苦。（二十日）

請劉竹汀來看病，即上半年為紀鴻兒看出痘症者也。主方服附子、乾薑之屬。服藥後，屢次睡臥。……病似少減。（二十一日）

午刻服藥一次。……兩日來服附片、乾薑等藥，微嫌其燥，咳嗽屢作不止。（二十二日）

因嫌劉竹汀用藥偏燥，故又請吳竹如來診，然曾國藩雖然認為吳所開之方甚好，但仍想堅持不服藥自療，沒想到這次竟然無法抵擋病勢，只好收起祖訓，服藥始癒：

午刻，請竹如來診，開方甚好，余畏服藥，遂不服之。（二十三日）

三點睡，竟夕不能成寐。咳嗽不止，三更二點，即穿衣起坐。嗣後屢坐屢睡，展轉不安。咳嗽太多，舌枯異常，起吃開水者二次。昨日、今日堅不服藥，意病勢或可

漸減，不謂今夜狼狽若此，殊深焦灼。（二十四日）

惠甫診脈，言外感而肺家受有風邪，固咳嗽之所由來，陰虛而用心太過，心火上爍，肺金受克，亦病源也。二者必須兼治，固須服疏散之劑以祛寒邪，亦不可用燥上之品使陰分益虧。余深以其言為然。蓋余自中秋前後久覺心火上炎，肝脾俱若受傷，此次風寒雖發於肺家，而自覺脾家亦已有病，故飲食俱不知味。……旋服惠甫藥。竟日咳嗽，至酉刻稍減。（二十五日）

是夕竟不甚咳嗽，病將癒矣。（二十六日）

同治七年歲末，慈禧太后召見曾國藩時，還曾問及他所患之病及服藥否，而曾國藩也老老實實地回答說曾經服藥：

問：「你的病好了？」對：「好了些。前年在周家口很病，去年七、八月便好些。」

問：「你吃藥不？」對：「也曾吃藥。」（《曾國藩日記》同治七年十二月十五日）

步入暮年的曾國藩身體明顯轉差，同治七年、八年的日記裡大量出現了「不能治事」「不能成寐」「疲憊極矣」「倦甚」之類的字眼；「眼蒙殊甚」一詞，出現次數尤其頻繁，以同治八年十二月中旬為例，十一、十三、十四、十五、十六、十九日均有言「眼蒙殊甚」。延至同治九年二月二十九日，曾國藩讓兒子曾紀澤探視自己的眼睛，才發現右眼已經失明：「眼蒙殊甚。令紀澤視吾目，右眼黑珠，其色已壞，因以手遮蔽左眼，則右眼已無光，茫無所見矣。紀澤言瞳人尚好，可望復明，恐未必然，因閉目不敢治事。」不僅如此，左目視力亦很微弱：「右目既廢，左目亦昏，岌岌乎可慮已。」（三月初七日）這讓曾國藩十分苦悶和焦灼：

> 旋請黎竹舲診脈，又請一眼科趙姓診視，言左目亦將壞，焦灼之至，繞室旁皇。（三月初十日）
>
> 近以目病，寢食之外，使不治一事，且愧且嘆。（三月十八日）
>
> 日來自右目病後，終日倦睡，不治一事，且憂且愧，而心境不安，目病癒甚。即使左目幸得保全，而不能用心，亦與死人無異，焦灼殊甚。（三月二十一日）

他似乎從此不再堅持勿藥的觀念，有病則主動延醫，並商議藥方，甚至乞靈於咒語與氣功。

午刻，黎竹舲送《光明經咒》，云持誦萬遍，眼可復明。邵棠浦來一坐，力勸余服補陽之藥。……旋誦熟《光明經咒》凡百有四字，蓋道家之言也。誦數十遍。（三月二十六日）

黃靜軒來久談，為余治目處方。（四月初九日）

寫信與作梅商藥方。（四月初十日）

寅正起，頭或大眩暈，床若旋轉，腳若向天，首若墜水，如是者四次，不能起坐。

申刻及夜間，兩次請醫診視，服龍膽草等藥，以瀉肝火。（四月二十日）

請醫診脈，仍服昨方。（四月二十一日）

申刻服藥後，靜坐良久。（四月二十二日）

請周撫文診脈……酉刻及亥正，服周撫文方。（四月二十四日）

請竹舲一診，服滋陰之劑。（四月十六日）

不過也許是儒家士大夫意識使然，曾國藩僅在三月二十六日當天誦過《光明經咒》，之後即予放棄。對於靜坐，由於是儒道皆有之傳統，曾國藩倒是堅持了相當長一段時間。他還向黃靜軒學習內視之術，並感嘆自己無法達到要求：

> 黃靜軒來久談，勸我靜坐凝神，以目光內視丹田，因舉四語……閉目靜坐，學內視之法。（五月初四日）
>
> 夜閱黃靜軒所著《福壽金鑒》，因求攝生之方。（五月初八日）
>
> 午正，數息靜坐，仿東坡〈養生頌〉之法。而心粗氣浮，不特不能攝習，並攝身不少動搖而不能。……酉刻服藥後，行小周天法，靜坐半時許。（五月初九日）
>
> 旋靜坐，數息三百六十。……酉刻服藥後，行小周天法。（五月初十日）
>
> 黃靜軒來久談，與論靜坐數息之法，亦自恨衰老，不能有濟。……午正，默坐數息。（五月十三日）

至五月底，因為天津教案十分棘手之故，曾國藩暫停了氣功修煉，改為飯後散步。但他對靜坐之術一直抱有極大的興趣，本年十二月二十日，他還寫道：「本日聞翰仙言，何鏡海得靜坐之法，……目已瞽而復明，余亦思一試也。」

同治十年的曾國藩老境更顯頹衰，目疾未見輕減，二月十七日又得了疝氣：「右腎浮腫，大如雞卵。」二月二十三日的日記中他自嘲：「前以目疾，用心則愈蒙，近以疝氣，用心則愈疼，遂全不敢全心，竟成一廢人矣。」後來疝氣雖然漸癒，但目力變得更差：

眼奇蒙，幾不能辨一字，因不復執筆，而溫〈項羽本紀〉一過，眼在半開半閉之間，略見字影，略似默誦而已。（三月二十五日）

這個時候，出現了一名修煉道家氣功的守備馬昌明，自稱能為曾國藩治好目疾，於是從該年七月初九日至八月初二日，馬昌明先後二十一次來為曾國藩診治，可惜並無效驗：

歸署，有一守備馬昌明，善於道家內功，云能為余治目疾，與余對坐，渠自運氣，能移於吾身五臟云云。因與之對坐三刻許。（七月初九日）

馬昌明來，與余對坐三刻許。至是坐十一日，而目光毫無效驗。（七月二十日）

馬昌明來，對坐三刻許。自是坐二十一日之期已滿，而目光毫無效驗。（八月初二日）

至此，曾國藩大概明白了事不可為，之後他雖仍有靜坐調息之舉，不過抱著聊勝於無，姑且一試的態度：「夜，再靜坐數息。因日來眼蒙益甚，或謂調息養神尚可補救，因試為之。捧土而塞孟津，深恐其無當也。」（十一月初四日）對於疾病，他似乎也像常人一樣有病則醫，不再強抗：

請醫診脈二次。……是日服藥二煎，時時防將眩暈者。（同治十一年正月二十七日）

早診脈二次，開方良久。……是日，肝風之病已全退，仍服藥一帖。（同治十一年正月二十九日）

遺憾的是，即使是及時服藥，也無法挽留住這位可敬的老人的生命，心血耗盡、飽受疾病折磨的曾國藩，於同治十一年二月初四日戌時溘然長逝。勿藥也罷，服藥也好，乃至去修煉道家長生之術，都無法逃脫死亡這一必然的歸宿。也正是在這個意義上，所有的人都獲得了一種公平。

三　廖壽恆的傷親痛

光緒二十四年八月二十四日，軍機大臣廖壽恆（一八三九—一九〇三）剛剛散值回到家中，發現妻子許氏正患血崩之症，他趕快命服參湯，又請來擅醫的監察御史葉至川來診療，投以人參、阿膠等補益氣血之藥，渡過了這次病災。但許氏的身體多病，《廖壽恆日記》❼中不時會出現為妻子延醫診病的記載。十月初四，廖氏記云「未正後，陳蓮舫比部來，為內子診，開湯膏方」，湯膏方適用於女性補氣養血調經，可見許氏血崩之症至此尚未痊癒。

十月十五日，許氏又添新病，胃脘劇痛，以至呼吸暫停，勢甚殆危，廖壽恆為之延醫的同時，還悄悄準備衣衾和棺木，與親友商辦後事，幸而療治得當，許氏得以起死回生，廖氏日記對此過程詳有記錄：

十五日乙未，晴，稍和暖。寅正起，內子胃脘痛劇，氣閉，勢甚急，不敢入直，作函致夔老、子密通融一日。天明延葉至川來診，脈數而亂，開竹茹、廣藿、左金丸急投之，痛愈甚，或係藥力相鬥之故。午後，病漸定，氣亦漸舒。下午又延至川，並招竹君來視，未服藥。

十六日丙申，晴。寅正後起，見內子似寐非寐，神識不清，汗如油膩，甚可慮。作書致王、錢兩公，再通融一日。天明延葉至川來視，謂右尺已不現，勢將不救，只有獨參湯可進。撫牀相對，不禁悲從中來。急進參湯二錢，又繼以一錢，復又繼以二錢，並三次調天生黃各三分。子原喬梓來，恭慎夫人亦至，商備衣衾。伯葵來，慫其

❼《廖壽恆日記》現藏上海圖書館，稿本兩冊，首冊時間起止為光緒二十四年八月初六日至二十五年四月初七日；第二冊封面題「庚子十月望後日記」，時間起止為光緒二十六年十月十六日至二十七年五月三十日。

向夔丈商壽木。下午，左笏卿來診脈，乃謂係熱證，而開方又係扶陰去濕之品，未敢遽服。朱小丹來診，則謂仍係脫象，亦主獨參湯。夜間葉至川又來診，屬加麥冬一錢，蓋續煎者已加五味，合此則生脈散也。西齋來訪，留夜飯。星署、聰甫亦同在座。子刻病象稍安。

十七日丁酉，晴，有風。是日請假五日。辰正，起視內子，知昨下半夜大便三次，氣促及汗出、手冷等證已轉。惟胃不思納，不能寐。子原喬梓、錢幹臣、聰甫先後來。筱石、星署代往廿石橋看壽板，謂陰沉一具可用。留子原、南仲午膳。葉至川來視，謂險象幸已過，但須理脾平肝。開方服藥，尚不枘鑿。

左金丸方劑的主要成分是黃連和吳茱萸，主治肝火犯胃、嘔吐脅痛等症，加以能夠清熱化痰、除煩止嘔的竹茹和行氣化濕的廣藿香，可謂對症治療，故許氏「病漸定，氣亦漸舒」；但久病氣血兩虧，又成脫症，「似寐非寐，神識不清，汗如油膩」正是典型的脫症病象，故用獨參湯補氣固脫，又加天生黃以補火助陽、解毒通便，加麥冬以強陰生津、益氣復脈，故能力挽沉疴，幸脫險象。

十八日戊戌，晴，尚和暖。內子夜寐不穩，而口渴無津液，舌苔焦黃中紅，兩旁

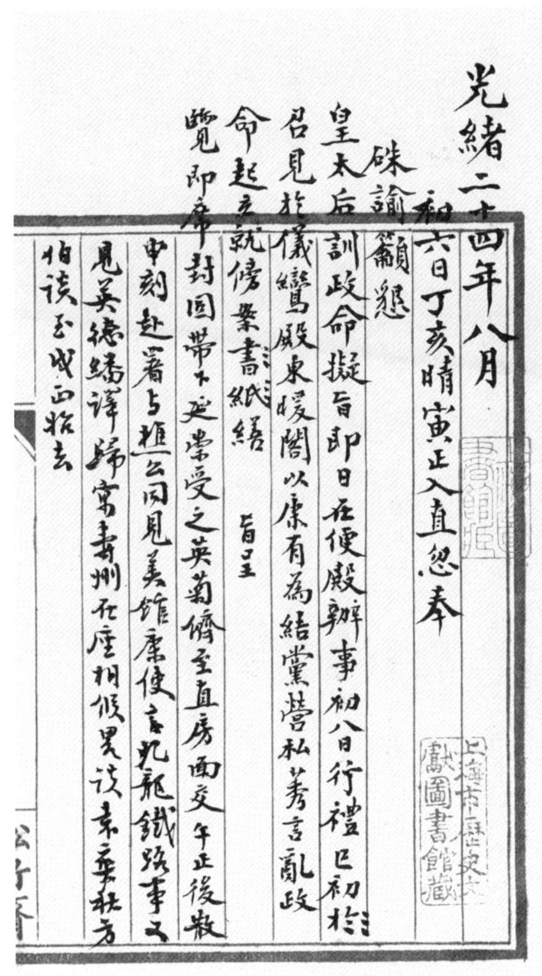

光緒二十四年八月

初六日丁亥晴寅正入直恕奉

硃諭籲懇

皇太后訓政命擬旨即日在便殿辦事初八日行禮臣初於

召見於儀鑾殿東煖閣以康有為結黨營私莠言亂政

命起立就傍案書紙緒　旨呈

覽即席封固帶下進常受之英菊儕至直房面交午正後散

申刻赴署與樵公同見美館康使言九龍鐵路事又

見英德緒譯歸寓壽州在座相候畧談素曩社方

伯談至戌正始去

《廖壽恆日記》上冊首頁

灰青色，殊可駭。延至川來診，云恐是陰竭之象，投以西洋參、麥冬等救陰之品。下午，稍進湯粥，液亦較潤，舌苔略退。是日作字致伯葵，將夔老處陰沉枋板取來。子原喬梓、少侯、聰甫來問疾。

十九日己亥，晴，尚暖。內子夜寐較安，渴亦漸減，經痛幸平。進粥一盂。約至川午刻來診，仍主救陰之法。但加入白茅根、薄荷炭、白芍耳。密老來，略談。午刻，以先光祿忌日，上祭。申初，始早膳。聰甫、子原、汲侯先後來。下午，王稚夔偕李彰五太守來為內子診，云係厥少兩陰證，夾有外感，開牡蠣、鱉魚救逆湯兼桂枝湯，未敢遽信。酉正，仍服葉至川藥，摺差到，接杭署十二日信。

廿日庚子，晴。內子胃納較好，神色亦漸正。巳刻，至川來，仍進救陰理脾之品。

廿二十一日辛丑，晴。內子諸患均略減。至夜，但覺疲乏無力耳。葉至川來診，謂脈漸和緩。

從日記中可以看出，許氏病情後來又有反復，呈現「夜寐不穩，而口渴無津液，舌苔焦黃中紅，兩旁灰青色」的「陰竭」之象，葉至川以救陰之法療之，終於使其「神色漸正」「脈漸和緩」，基本痊癒。在前述為許氏治病的過程中，廖壽恆延請過的醫生分別有：

陳蓮舫：名秉鈞，字蓮舫，別署庸叟，又號樂餘老人，江蘇青浦縣（今上海市）人，清末名醫，曾多次奉詔入京為皇帝和太后診病，被封御醫。陳氏係中醫世家出身，為青浦陳氏第十九代傳人，著有《陳蓮舫先生醫案祕鈔》、《十二經分寸歌》、《御醫請脈詳志》、《蓮舫祕旨》、《醫案拾遺》、《女科祕訣大全》、《加批時病論》、《加批校正金匱心典》等。

葉至川：名慶增，字至川（子川），浙江慈溪人。光緒二年（一八七六）進士，歷官吏部主事、員外郎、監察御史等，兼精醫學。

左笏卿：名紹佐，字季雲，號笏卿，別號竹笏生，湖北應山左家河人。光緒六年進士，授翰林院庶吉士。歷任刑部主事、員外郎、郎中、都察院給事中、軍機章京、監察御史等。著有《蘊真堂集》、《延齡祕錄》、《竹笏齋詞鈔》、《竹笏日記》等，兼精醫學。

朱小丹：事履未詳。

李彰五：名盛卿，字彰五，湖北宣恩人，號肆靈素凡吏，曾任麗江知府，兼精醫學，撰有《病家須知歌訣》、《寒溫條辨》、《仲景傷寒輯注》、《仲景脈法續注》；其妻號慕靈素女史，亦擅醫，夫妻合撰有《脈度運行考》。

除朱小丹事跡暫未考知外，其他幾人均為醫術超卓之輩。文中夔老、夔丈均指王文韶（字夔石），錢、子密均指錢應溥，二人是廖軍機處的同僚。伯葵指陸寶忠，娶廖壽恆之妹；恭慎夫人指許庚身（謚恭慎）之妻吳氏，子原喬梓指許祐身（號子原）及其子許引之（字汲侯），許庚身的父親許乃穀和許祐身的父親許乃恩，分別是許學範的第五子和第八子，而許乃恩的三女兒嫁給了廖壽恆，即文中的「內子」許氏，五女兒嫁給了另一位名宦陳夔龍。姻親之間的關係真是盤根錯節，複雜難辨。正是滿門貴顯，許氏患病時，廖壽恆才能動用各種關係，遍請名醫，最終挽救了妻子的生命。

但是，這種幸運沒有延續到廖壽恆之兄廖壽豐身上。

廖壽豐（一八三五—一九〇一），字穀似，晚年自號止齋，上海嘉定人，同治十年（一八七一）進士，授翰林院庶吉士，充國史館編修，歷任貴州按察使、福建布政使、河南布政使、浙江巡撫等職，光緒二十四年十月因病解職。兩年之後，廖壽恆也步乃兄後塵，於光緒二十六年九月引疾歸。兄弟二人晚年白首相聚於故鄉嘉定，這本是樂事和幸事。然而不久，廖壽豐開始出現吐血症狀，並且頑固難癒，逐漸加重。廖壽恆光緒二十七年的日記中，對其兄病症的記載幾乎日日皆有：

> （正月）十八日乙酉，晴。梳髮。四兄痰中見紅三日矣。勸請杭州施醫來診，命蔭兒作書，遣張慶往迎。

廿二日己丑，晴。薙髮。四兄昨晚今早痰中見紅較多，兩脇肋轉側即痛，頗覺苦，食亦不欲納。蔭兒求仙方當歸一味，飲之。

廿三日庚寅，晴。四兄昨晚睡較安，而脇痛仍未見減。

廿五日壬辰，晴。臨帖五紙。四兄胃口略好，而脇痛未除，痰中血色黑紫，似有瘀象。

廿六日癸巳，晴。梳髮。臨帖四紙。杭州施醫瑞春來為四兄診視，云有風邪襲絡痰滯之故，所以痰中見血，脇痛，以先清絡為主。

廿七日甲午，晴。四兄今日胃氣漸佳，而吐血仍未甚減。施瑞春又易一方以進。

廿八日乙未，晴。四兄昨睡未安，胸膈痛竟不減，血中仍有黑色，施醫又定千金五味子方，加血分藥兩味，冀漸有效。

廿九日丙申，晴。……四兄痰血較少，服原方。

從廖壽豐咳痰見血、胸膈疼痛等狀看，其似乎是得了肺結核，施瑞春用千金五味子方，亦算對症下藥。但在抗菌藥沒有生產之前，這種病基本上是不可治癒的。

（二月）丁酉朔日……四兄今日痰紅較淡，痛亦稍減。方易行瘀之劑。當冀有效。

初二日戊戌，陰雨，又甚涼。四兄服昨藥，臥不安，痰血較多，施醫仍改用千金五味子湯。

初三日己亥，陰雨。以清明節先期祭祖，午刻行禮。四兄痰紅略淡，而仍不止。施瑞春擬用側柏葉湯，覓馬通湢汁未清，明晨再議。

初四日庚子，上午晴霽。四兄服柏葉湯，以馬通汁煎，血稍淡而未止。

初五日辛丑，晴。臨帖三紙。四兄服昨藥，胸膈又微作痛，血雖淡而不止。

初六日壬寅，晴。四兄痰紅漸淡，而脇痛未止，仍服五味湯，飲童便一次。

初七日癸卯，陰，下午微雨。四兄痰血較昨晚稍濃，胃氣亦略遜。施瑞春急欲回杭，申刻，送之登舟。渠但言脈象弦而有力，確是與證不符，未免可慮。

作為錢塘醫派的名醫施瑞春手段盡出，先行化瘀之劑，復用側柏葉湯，再用五味子湯，輔以馬屎汁、童子尿等，但仍未見效，只好辭歸杭州。廖壽恆焦慮萬狀，甚至求神拜佛；復請朱筱蘭診視，無效，只好再商請更有名的御醫陳蓮舫。

初八日甲辰，陰，午前微雨。四兄痰血仍如昨，而昨晚胸痛較甚，仍服千金五味湯。是日延道眾拜斗諷經。

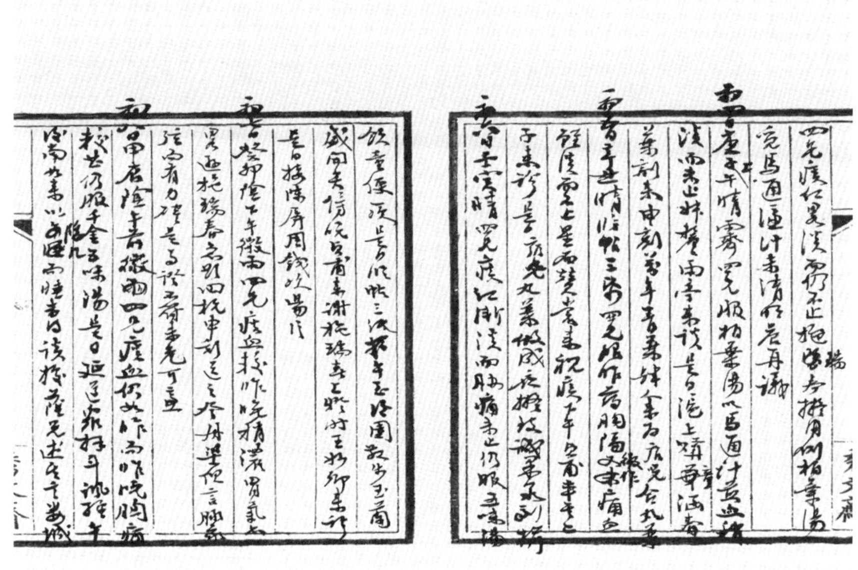

廖壽豐病狀（《廖壽恆日記》光緒二十七年二月初四至初七日）

十一日丁未，晴。四兄昨夜睡不安，胸脇等處痛又甚，痰血較多，殊焦急。蔭兒往伏虎廟扶乩請問，亦云血分不調。下午作函，擬延陳蓮舫，而四兄堅不允，以停藥靜養一日，痛微減，血亦較少也。只得姑候過一夜再看。

十三日己酉，晴，有風。四兄昨夜睡又不安，痰血仍濃，辰正正擬出門登舟，適朱筱蘭太守來，與談良久，留之下榻，為四兄診視。……申正二刻始回宅。知筱蘭開痰清之劑，已服三分之一，黃閬伯酉正來診視，方劑略有不同。夜飯，與筱蘭長談。

十四日庚戌，早雨午晴。先考生辰。午刻上祭。四兄夜臥不安，痰血仍多，又項痛甚。筱蘭午前復診易方，用枸杞等味，不敢遽服。訪顧子偉，與談乩壇求方及方藥病證。下午，不得已，與四兄商定請陳蓮舫，乃封信，即遣張慶前往。

十五日辛亥，陰，午晴。四兄昨晚臥較安，唯咯血甚濃膩，殊不可解。午刻，筱蘭復診，易方藥，皆痰清，照服一劑。

十七日癸丑，微晴。四兄痰血次數較稀，而色紅不減。筱蘭復診易方。

十八日甲寅，晴，又甚涼。四兄昨夜臥又不安，痰血亦較紅。擬停藥一日。適朱筱蘭傷風，請其毋庸復診。

廿二日戊午，晴。四兄昨上半夜又不安寐，咯紅較多，遍查醫案，亦難確指，相對殊深焦悶。

二月二十七日，陳蓮舫來到，「診脈良久，謂心肝脾肺皆病，獨腎氣未動耳，病勢已到八分，開方，以和肝固脾、止血寬中為治」。服藥數劑後復診，陳蓮舫「以為恐似肺痿之象，頗棘手」（三月初一日），遂藉口欲歸，廖壽恆堅請挽留，陳蓮舫只好又留數日，待廖壽豐病症略輕減始辭行：

（三月）初二日戊辰，陰雨。四兄昨夜痰血又多而且濃，又欲停藥，蓮舫以其哲嗣催赴浙，欲明日即行，余堅留之，午後復診，開龍骨、牡蠣等六味，四兄尚以為然。

初三日己巳，陰，下午微雨。四兄昨臥較妥而痰血仍濃膩，午前照原方服一劑，午後睡又不穩，擬停藥半日，童便、參湯亦不服。蓮翁診脈兩次，午前脈稍靜，浮芤亦減，四點鐘後面覺微紅，脈象又弦大，精力更疲，蓮舫頗無把握。

初四日庚午，陰，下午雨。午刻以雲初公忌辰上供。蓮舫午前診一次，以昨臥又不安，胃納又減，精神更差，密商另開吉林參、阿膠、生地一方，蔭兒拈鬮，亦命服，遂煎以進。申刻又診脈一次，浮大之象略減於昨，痰紅則已初以前甚少而淡，巳午間又有鮮濃者，下午又略淡。

初五日辛未，晴。……四兄昨臥又不安，痰血不多，而下午所吐皆黑色，殊不可解。蓮舫午前診，仍主育陰安神開胃，用珠粉一分，復加遼參二分秋石蒸，傍晚始服一半。

初六日壬申，丑刻雷始發聲，昨雨乍晴，已入黃梅矣。四兄昨臥較安，痰紅亦未見，藥似略奏功矣。惟胃納尚不欲。商之蓮舫，再照原方服一劑。

初七日癸酉，陰，有風。四兄昨臥又覺未安，餘皆如昨。蓮舫午前診脈，謂但細軟耳，火已降矣。開方僅加新會白四分。四兄謂擬明日再服，蓮舫又開加減十餘味，並食物宜忌單。贈以五百佛元，堅不肯受。乃易以禮物四色，兩袍套，四湖縐，四燕窩，四竹刻。未正又診脈，復問以如是感冒若何，渠又備三方，可謂苦心經營。申初送其登舟而別。

然好景不長，至三月十一日，廖壽豐又復「痰中見紅」，其似亦預知病將不免，不願再服藥，並招壽恆坐榻右，含淚云「有事商量，宜早計」，壽恆只好寬以「不必憂懼」，其實中心如狂也。

十三日己卯……四兄昨臥又不甚安，痰血仍未淨，而痰色黄膩非常。又不願服藥，亦無法可勸。

十五日辛巳……四兄痰中曾有時帶紅，堅不肯服藥，勸服參，僅飲少許，言蓮舫後數方皆取巧，並不對證云云。

十六日壬午……四兄昨晚又痰紅甚多而濃膩，竟有似腐肉者，婉與相商進藥，初擬函商蓮舫改方，繼告以本有加生地一說，乃屬酌開數品，加遼參試服。

十七日癸未，晴。四兄痰紅又更甚，而氣弱，咳痰響聲不絕，實為可慮。夜飯後，招余至牀側，謂痰逆甚劇，用何法可治，語以猴棗已浚，或再加珠粉，不願，又云或用蜜炙化橘紅二三分煎服，亦不願。星署、星石、貞甫皆來問疾，戌刻赴南街訪廣侯，詢杉柏楠木看法，渠謂陰沉、花杉皆不必說，上海惟楠板尚可購，雖貴，不至贋物。

十八日甲申，晴。午刻，東首顧姓回祿，幸即救熄。四兄自寅正以後，痰鳴益劇，不能起著衣矣服乩方第二劑。下午至夜更甚，頗有微汗，以人參、蛤蚧五味湯送進，終

痰似腐肉，其實吐出的是壞組織細胞，說明肺部潰爛已很嚴重，或已成空洞，隨時可能誘發衰竭。廖壽恆不得不暗中為其兄準備後事，但心中仍懷萬一之希望：

日陪視，焦灼萬狀。蔭兒下午往求壇方，則云交夏令節，當劇，但延過夏至，則無深慮。改方用知母、黃柏、蛤蚧等味。兄云明日再服。大姊來視，裁壽衣。星署及瀛侄來。是日申刻，叔厘遣人送邵伯英復信及周秀坤造來。四兄下午痰聲益促，至夜，謂喘延特甚，又進蛤蚧五味、人參等味，迄默無一言，頗有微汗，屢欲大解，婉勸以勿用力，如有大便，自然能下，領之曰聽其自然，候至子刻，除痰聲照舊外，寂寂無聲。兒婦輩屢勸余往息，實不放心，勸之不已，意謂夜間當不至有變，始暫往，再來視，和衣不能成寐，私冀立夏已過，或無妨。

奈何天不遂人願，次日凌晨廖壽豐即溘然長逝：

十九日乙酉，陰，下午雨。寅初後，世蔭來言，四兄手臂冷，余言此時除參外，別無他法，可仍以參湯進，余當即來。不一刻遣婢來急呼，急束帶趨往，則瞑目張口而逝矣。灌以黑錫丹，不應。姨太太亦昨息方起，尚得見一面，余竟不及送，亦再無一語見屬。傷哉，痛心曷極。

雖有顯赫之位、名醫之方、珍藥之奉，然廖壽恆依然只能眼睜睜看著自己的兄長忍受病

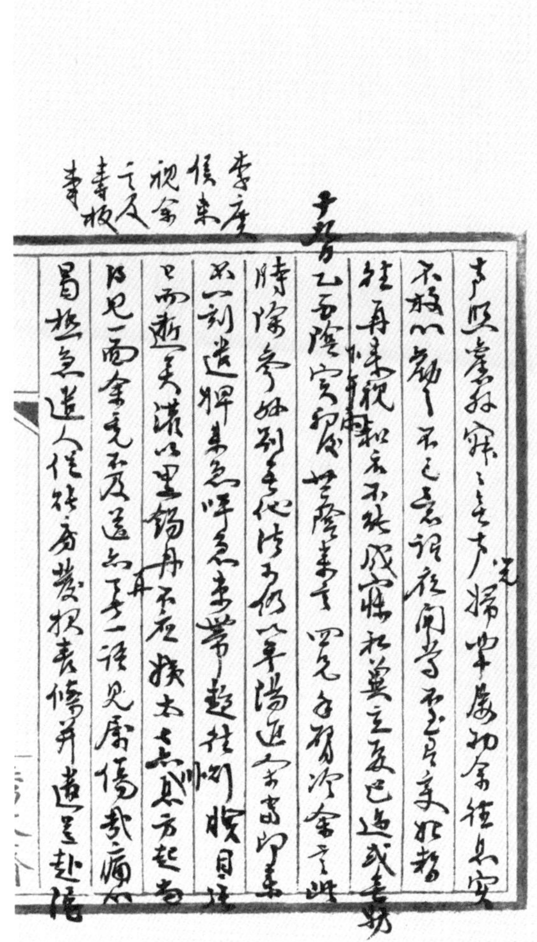

瞑目張口而逝矣（《廖壽恆日記》光緒二十七年三月十九日）

痛折磨，一日日走向死亡。他，悲痛而又無奈，人生還有比這更傷心的事嗎？宜乎其「傷哉，痛心曷極」。廖壽恆日記，對自己的疾病只是偶爾記錄，敘述簡略；對其妻、其兄之疾病，卻近乎逐日記錄，書寫詳實，閱之竟能讓人感同身受，這大概正由於其是切膚之痛的真實反映吧。

四　鹿傳霖的出恭記

與廖壽恆恰好相反，另一位軍機大臣鹿傳霖，卻如流水賬一般記載著自己的痔瘡與便祕。

鹿傳霖（一八三六—一九一〇），字滋軒，河北定興人。父丕宗，官都勻知府，死寇難，諡壯節，傳霖曾率健卒助父城守，又奉父母遺骸歸葬，時年甫二十，由是知名。同治元年，成進士，選庶吉士，散館改廣西知縣，擢桂林知府。光緒年間，先後擢福建按察使、四川布政使、河南巡撫、陝西巡撫。光緒二十一年，擢四川總督。二十四年，召授廣東巡撫，旋移江蘇，攝兩江總督。二十六年，授兩廣總督。旋命入直軍機，擢左都御史，遷禮部尚書，兼署工部。次年兼督辦政務大臣。三十年，轉吏部尚書。三十三年五月入軍機，六月為協辦大學士。宣統元年九月為大學士。諡文端。

鹿傳霖是深受清廷器重的大臣，常被委以重任。光緒三十四年，歸化城副都統文哲琿上書清廷，陳述墾務大臣、綏遠城將軍貽穀敗壞邊局情形，請旨派員查辦。二月初一日，詔鹿傳霖前往歸化城查辦，以紹英為副使。二月二十九日，鹿傳霖等人到達歸化城，次日即開始調閱墾務卷宗。不過，以風燭之年冒風霜之苦，使鹿傳霖本來就患有的痔瘡更加嚴重，便祕，從此成為這位古稀老人每天不得不痛苦面對的嚴重問題。從三月初三起，他開始在日記中記載自己出恭的次數和具體情況❽，並成為當年日記的重要內容，這在古人日記中是極罕見的。先看其三月的出恭記錄：

後氣墜，未刻出恭，甚吃力，解極多，即臥，痔收遲。（三日）

❽《鹿傳霖日記》原件現藏於河北博物院。共兩冊，甲冊始記於光緒二十八年（一九〇二）五月初十日，至十一月初七日止，中缺九月二十五日至十月初七日一段；乙冊始記於光緒三十四年（一九〇八）二月初一日，至十二月三十日止。兩冊均用「清祕閣」八行紅格本豎書。甲冊首頁有鹿傳霖自題「第一冊，光緒二十八年五月初十日起」。乙冊開本比甲冊稍大，首頁有鹿傳霖自題「欽派赴歸綏查辦事件日記」。該日記曾由許潞梅、王金科整理，並於一九九二年至一九九四年期間分五期發表於《文物春秋》。二〇一七年初，許潞梅對日記刊發稿做了訂正，並將原刊發稿刪節的內容全部補充完整。

晚出恭尚好。（六日）

夜出恭又吃力，尚出好。（九日）

晚出恭不淨。（十二日）

後墜，出恭不解。（十三日）

晚出恭解清，仍甚吃力。（十四日）

晚出恭，又大吃力而出不淨。（十七日）

早起即後墜，午出恭，強掙解一團，臥至申初起。……略食粥點，又脹甚，再解，始出甚多。（十九日）

早起即後脹，午後出恭不解。奏稿紹又酌改數處，令供事清稿。晚又出恭大難，解不多，徹夜脹。（二十四日）

早起脹極，始解甚多，人頗憊。（二十五日）

昨夜出恭少許，未甚著力。（二十九日）

二十六天中有十一天出恭，平均不到三天一次，便祕似尚不嚴重，但已影響到鹿傳霖的精力，因有出恭後痔下，須臥等痔收，或因出恭吃力，人頗憊乏。該月二十七日，鹿傳霖等人完成清查使命，啟程返京，四月初九至京，四月十日入值。

鹿傳霖像

四月出恭記錄如下：

出恭後臥半時許，痔收起飯。……出恭大吃力，仍不解。（一日）

腹脹甚，欲解，強行卅里，午至薛家囫圇，出恭仍大吃力始解，臥不能行，即宿此。（三日）

晚飯後出恭，解兩點，臥至十一鐘欲解，即起出恭，雖不甚吃力，而解不暢，陸續下乾稀糞甚多。腹仍不適，臥至五鐘起，又欲解，復出糞湯少許。略臥，痔未甚下，即強支入直。（十一日）

早復解後，痔未甚下，即強入直，謝節賞。（十二日）

腹脹欲瀉，解稀糞兩蛋，臥至晚飯起，略食。將竹生方減去潤藥，加神曲，服頭煎，即臥，氣仍不舒。（十四日）

兩次出恭，皆少許帶糞湯。（十八日）

出恭甚吃力。（二十二日）

午夜出恭均不解，後半夜略睡。（二十七日）

早起又出，仍不解，稍臥復解，難極，以指挖數次，幾於無力可用。強掙解出，

糞如茶盅粗，憊甚。（二十八日）

本月只有九天記錄出恭，且有「出恭均不解」、難以入睡的現象，甚至「以指挖數次」，始「強掙解出」，便祕較前有所加重。

五月入值如故，出恭記錄如下：

試出恭未解。（一日）

痔發，未赴會議。……五鐘入直，腹脹似欲解，馬夫早到，即遣回。下直即飯，旋出恭，幸解不結，臥時許。（二日）

痔至晚未收淨，強起寫信……飯後腹脹，出恭仍吃力，未出完，少頃又出，痔大發。（七日）

照前入直，巳刻回。飯後即出恭，仍澀，臥兩時起。于翰篤于次棠子，痔發未見。（十一日）

陳夔麟辭，馮相華、張棟南、惲毓鼎國史館提調、謝緒璠均因痔發未見。早起腹脹欲解，強支入直，巳初回。即出恭，頗吃力，尚未淨，臥時許吃飯，又解許多，痔大發，臥至五鐘起。（十二日）

> 照前入直。飯後出恭，仍粘膩吃力，兩次始淨，而小便不通。再坐桶，又出軟條糞，痔大發。臥至一時許，小便略通，一夜痔始收。（二十六日）

本月僅有六天記錄出恭，特別是五月十二日至二十六日，居然有兩周未見出恭記載，似乎不甚可能，中間當有脫記；本月痔瘡亦較嚴重，日記中時有未赴會議或未見客之記載，說明便祕已經影響到其日常工作。

六月雖有十七天記錄出恭，但六月初四日至六月十五日一直腹瀉，並非常態。相反，腹瀉停止後其便祕更加嚴重，連日「出恭未解」，不得已「以指探挖，陸續挖數團」，以致「痔大發」，脫出「終夜不收」，用手按摩數次始復回肛內：

> 飯後出恭未解。（二十日）
>
> 出恭仍不解。（二十一日）
>
> 五鐘二刻入直。早飯後出恭，脹而不出。（二十三日）
>
> 早起脹，即出恭，吃大力不解。嗣又連出二三次，糞將抵肛門，用大力不下，以指探挖，陸續挖數團，痔大發。又臥歇，小便極脹，又出始下，仍費大力，痔腫甚。又少遲，覺又欲解，乃出爛糞甚多，似解淨。呂大令復診，言氣虛，擬方服之，而痔

終夜不收，揉數次始可強坐。（二十四日）

七月僅有七天記錄出恭：

飯後出恭，一次不淨，又出二次。（三日）

申刻出恭，痔至六鐘餘始收。（七日）

五鐘三刻入直，後墜欲解。祁頌威、嚴開第均見。竹生同飯。竹生行，出恭，吃力甚多，又出一次，臥至五鐘。（十三日）

申出恭似瀉，痔收速。（十七日）

未刻出恭，費力解糞蛋十數枚。楊督辭，李前泮均未見。晚飯起吃後，氣墜痔發，臥。（二十三日）

出恭，臥至申刻痔收。（二十五日）

早起出恭大吃力，一次不淨，脹甚，略臥熨痔，二次、三次、四次皆如前，至四次費無窮力始淨自卯初至巳正，三時之久始淨。未入直，臥至三鐘，施煥來，強起，令診擬方。（二十九日）

出恭常要數次始盡，且多伴有痔發，須臥牀休息，七月二十九日連續四次，歷時三時之久始出淨，明顯是腸胃功能紊亂或蠕動排泄之力不足，較之三月份便祕病症愈趨嚴重。

八月有十一天記錄出恭，基本情況都是大便乾結難出，痔常脫出，須揉始收。如八月初四日「兩次出三糞蛋，痔大發」；八月初五日「出恭兩次始淨，仍大費力，痔大發」；八月十五日「申刻出恭未淨，臥時許，不再出，痔強揉上」；八月二十九日「解乾蛋數枚，二次又出三蛋，腹甚不適」；八月初九日則是「未出而痔發」。其間鹿傳霖也請了施燮甫、陳蓮舫等名醫診治，時常服藥治療，但老年人器官功能衰退，腸胃蠕動緩慢，究非藥力可回，因此療效不著。茲列九月至十二月出恭及便祕日期如下：

月份	出恭正常日	便祕或痔發日	出恭但未云狀況
九月	十二	一（未解出）、六、十、十九、二十二（未解出）、二十八（未解出）、二十九	二十四、二十六
十月		五、七、九（腹泄）、十五（未解出）、十八、二十八	二十四、三十

月份	出恭正常日	便祕或痔發日	出恭但未云狀況
十一月		十一（未解出）、十二、二十五、二十九	四、七、十六
十二月		一、四、七、十、十七、十八、二十二、二十六、三十（未解出）	

九至十二月，四個月中，只有九月十二日言「午出恭尚好」，另有七日未寫明情況，其他二十六日均有不同程度的便祕症狀，九月初一日、二十二日、二十八日，十月十五日，十一月十一日，十二月三十日皆是出恭未解，便祕尤甚。而「吃力」「大吃力」「乏極」「乏甚」「憊甚」「氣墜痔發」「臥」等字眼頻見筆端，亦可想見其辛苦之狀。

光緒三十四年，鹿傳霖已經七十三歲，老年人細胞活力下降，腸道神經退化，分泌潤滑腸道的體液相應減少，且盆底肌無力，肛墊容易充血、下移，排便後不能自動縮回到肛管內，形成痔瘡和脫肛。因此老年人的便祕和痔瘡之苦痛要遠甚於年輕人，這本是自然的生理現象，不因人的地位貴賤而有不同。不過，能在日記中將便祕和痔瘡逐次且詳細記錄筆端的，鹿傳霖恐怕要算第一個吧。

五 餘論

必須指出的是，季、曾、廖、鹿四大臣日記中的內容是豐富的，當然少不了軍國政務處理和官員人際往來等重要事件與人物的記錄。四大臣傳世日記，季芝昌、曾國藩記錄時間都在十年以上，且不必說。就是傳世日記只有三年多的廖壽恆日記和不足兩年的鹿傳霖日記，也都有非常重要的政治史研究價值。如廖氏光緒二十四年八月數則日記：

初六日丁亥，晴。寅正，入直，忽奉朱諭籲懇皇太后訓政，命擬旨，即日在便殿辦事，初八日行禮。巳初召見儀鸞殿東暖閣，以康有為結黨營私，莠言亂政，命起立，就傍案繕旨呈覽，即席封固帶下，延崇受之、英菊儕至直房面交。午正後散。申刻赴署，與樵公同見美館康使，言九龍鐵路事。又見英德翻譯。歸寓，壽州在座相候，略談。袁爽秋方伯談至戌正始去。

初七日戊子，微陰。巳正見面，又命繕電旨，發北洋及山海、東海、江海關，緝拿康有為，是日三暗五明，未正始散。下午，松鶴齡來長談，交梅少巖、涂椿年、李筱屏、章乃正名條。發杭電，訓政摺式。

初九日庚寅，晴。封奏三件，未下。辰正三刻召見，以封章示，眼花不能細視，乃劾張南海、徐致靖、楊深秀及參預新政四人。乃目不之見，耳亦不之聞。壽山囑余叩頭，茫如也。候命起立，繕密旨，乃逮所劾七人。及退出，始知疏中並彈及余亦附和康某。慈聖勉以好好當差，豈不奇哉，豈不殆哉。到直房，延金吾崇、英至，以前件交去，未正後散，急訪慶邸商添堂官事。

初十日辛卯，晴。閱電報，知康為英人認保護，知事不諧矣。慈聖出太醫所開上之脈案，命閱，並擬飭中外保薦醫生，蓋病根已四閱月矣。酉正赴署，偕王、崇兩公赴林權助之約。直至亥正後始散。

十三日甲午，晴。榮相入樞府，裕簡北洋❾。貽藹人❿封事，召見時發下，乃因此。慈聖忽命將康、劉、林、楊、譚、楊六人處斬，余初未之聞，及告領班繕旨，大駭，以語夔老⓫，錯愕不勝。商之禮、剛、裕⓬，皆謂無術挽回。而楊、林、劉三人冤

❾《清實錄》該日有載：「榮祿著在軍機大臣上行走。裕祿著補授直隸總督兼充辦理通商事務。」

❿此指國子監司業貽穀，字藹人。

⓫夔老：指王文韶，字夔石。

⓬禮、剛、裕：指禮親王世鐸、剛毅、裕祿。

> 矣，呆瞪氣塞者半晌，刑之濫，罰之不公，至此而極，恐亂正未已。午正後散，申初赴署，偕夔老送伊藤行，談良久。

其間涉及朝廷處理康梁及戊戌六君子之細節，而廖本人並不認為自己屬於康黨，諸多重要人物紛紛亮相登場，於研究慈禧訓政後的中樞決策與朝局，有重要的參考價值。再如鹿傳霖光緒三十四年日記，該年係光緒、慈禧先後駕崩之年，鹿傳霖作為遺詔顧命大臣，親歷其事並處置善後，這些在他日記裡都有所反映，也是很珍貴的史料。

也許在人們的習慣思維中，像季、曾、廖、鹿這樣身居高位的朝廷股肱之臣，其日記本來就應該記載這些軍國大事，但這無疑是一種錯覺。人們忘記了日常生活的記錄，才是近代日記的常態和本來面貌。同治八年四月初七日，大學士、直隸總督曾國藩視畢永定河水利，回程途中宿於安肅縣，卻被臭蟲所擾，不得安眠，當天日記這樣記載：

> 二更三點睡，為臭蟲所嚙，不能成寐，因改白香山詩作二句云：「獨有臭蟲忘勢利，貴人頭上不曾饒。」

唐代詩人杜牧曾有「公道世間唯白髮，貴人頭上不曾饒」（〈送隱者一絕〉）之嘆，曾國藩

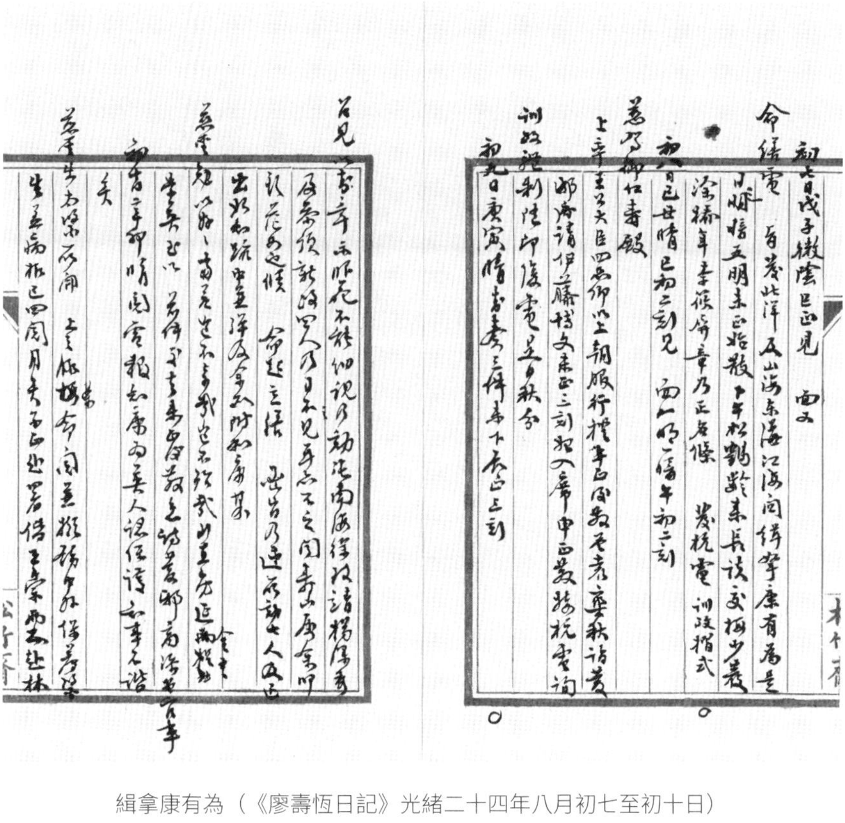

緝拿康有為（《廖壽恆日記》光緒二十四年八月初七至初十日）

偶爾誤記為白居易之詩，但原詩及曾氏的改作，都反映出一個基本事實，那就是，誰也無法抗拒生老病死的自然規律；生老病死，正是一個自然人生命歷程中的必然和最切身的遭遇。想要一輩子不生病，或者面對疾病一直堅持勿藥而喜，只能是一個美好的夢。再高貴的靈魂、再偉大的事業和再驚人的才華，也要依賴這具皮囊，反過來，重視這具皮囊，也有利於道德事功文章的實現；況且護惜和珍攝這具皮囊，也是生命本能的反映。日記本來就是私人化的記錄，那麼曾國藩記錄自己的癬瘡，鹿傳霖記錄自己的出恭等，看似不雅，但卻真實，是再正常不過的事情，也是大人物的另一面日常鏡像。

當大人物走下神壇，向我們展露人所共有的脆弱無奈的一面時，他不是距離我們更近也更能引發我們的共鳴嗎？我們需要警惕的是一味獵奇和解構的傾向，認為歷史上所謂的聖賢、英雄皆不過爾爾，亦如常人一樣要吃喝拉撒，有著生老病死的煩惱與痛苦，於是心安理得地醉生夢死。我們需要反省的是為什麼很多大人物與普通人起點相同，最後達到的高度卻不相同。大人物身上的平凡固性可以讓我們產生共鳴，大人物身上的不平凡難道不可以讓我們為之感動嗎？見賢思齊，奮發精進，才能真正發現自我、實現自我和超越自我。

第三章

何處是歸程：《紹英日記》中的亂世悽惶

德國哲學家萊布尼茲在《單子論》中說：「每一單純實體具有表達事物的聯繫，因而成為宇宙的一面活生生的永久的鏡子。」「物質的每一部分都能夠顯示整個宇宙。」❶他想表達的是：任何一個微觀的東西，都具有一種可以反映乃至表現整個宇宙的能力。日記是具有私人史和微觀史性質的史料，但也是具有百科全書性質的史料，尤其是那些長時段記錄或身分特殊的人物日記，更是不僅具有個人生命史的意義，而且兼具政治史、經濟史、社會史等多方面的價值。《紹英日記》即是這樣一個較為典型的個案。

紹英（一八六一—一九二五），字越千，滿洲鑲黃旗人，馬佳氏。其祖昇寅，嗣父寶珣，兄紹祺、紹誠、紹彝俱為顯宦。紹英本人仕歷亦顯赫，光緒末曾以京師大學堂提調身分東渡日本考查學務；又曾任商部右丞，充高等實業學堂監督；擢度支部左侍郎，派充崇文門監督。宣統年間擢署度支部大臣，辛亥革命後，充任溥儀宮中總管內務府大臣，兼任八旗護軍營都

❶ 陳樂民《萊布尼茨讀本》，江蘇教育出版社二〇〇六年版，第四三頁；第四五頁。

護使之職，後特授太保。王國維有詩贊云：「萬石溫溫父子同，牧丘最小作三公。」❷至以漢初大臣石奮幼子石慶（武帝時期丞相，封牧丘侯）比類紹英。

紹英有記日記的習慣，雖經動亂，其日記經其孫馬延霱先生的精心守護，仍保留下來三十三冊之多❸。記事自光緒二十六年七月二十日（一九〇〇年八月十四日）起，至民國十四年三月十八日（一九二五年四月十日）止。為那個時代留下了一個縮影。

一　亂世君臣的政治末路

閱讀《紹英日記》，最大的感受是其中時時流露的亂世悽惶感和窮途末路感。庚子事變之後的清王朝風雨飄搖、危若累卵，雖又勉強掙扎了十年左右，仍於宣統三年辛亥年底宣告壽終正寢。清皇室雖然與民國簽訂了《清室優待條件》，可以保留皇帝尊號並歲獲四百萬兩日常費用（俟改鑄新幣後，改為四百萬元）等，但是由於民國財力困窘，這些條件基本上沒有被嚴格兌現過。更重要的是，江山易主後的遜清皇室頗有朝不保夕之感，為了保住「優待條件」，不得不小心周旋於各種勢力之間，惶惶不可終日。即便如此，還是在民國十三年（一九二四）被趕出了紫禁城，從此踏上了不歸路。現存的《紹英日記》，始於光緒二十六年庚子（一九〇〇），終於民國十四年（一九二五），正好以一個親歷者的身分，記錄下遜清皇室這一段多舛命運和心路歷程。

（一）焦頭爛額的「財神爺」

庚子事變，八國聯軍入侵京師，候補員外郎紹英攜全家避於北京城中，卻遭到了日軍的洗劫。這年七月二十三日的日記載：「合家在西北小院暫避，日本兵八名來，搜索銀錶等物

❷ 王國維〈題紹越千太保先德夢跡圖〉其二，陳永正箋注《王國維詩詞箋注》，上海古籍出版社二〇一一年版，第三四六頁。

❸ 參見 http://www.71.cn/2012/1216/521822.shtml〈馬延玉：苦心整理家族史獻給國家〉：「《紹英日記》共四十本，但是其中的七本已經遺失。……『文革』期間，為了保住這些珍貴的材料，馬延玉冒著生命危險把《紹英日記》等一部分最珍貴的資料藏到了水缸裡，但是一場大雨將資料全部淋濕。不得已，馬延玉又把書藏在工廠的工具箱裡。」按馬延玉即馬延霱（戶籍用名），馬先生研讀家族史料，有不少文章發表，為讀者辨識方便，故將「霱」改為「玉」。《紹英日記》後由馬先生交付國家圖書館出版社，於二〇〇九年影印出版，劉小萌先生為作前言。此前言後來改名〈紹英與《紹英日記》〉，收入《湘淮人物與晚清社會》一書（社會科學文獻出版社二〇一一年版）。

紹英名片

紹英像

而去。」❹看來，在這次可恥的侵略中將自己裝扮成「文明之師」的日軍也並不真的那麼「文明」。

庚子事變後，紹英在兵部捷報處公所當差驗放飯銀，又隨吳汝綸東渡日本考察學校教育，歸國後接辦崇文門稅關及京師大學堂支應局提調工作，光緒二十九年（一九〇三）洊升至商部右丞，跨入上層官僚的行列。光緒三十一年（一九〇五），清皇室為了挽救危局，派出鎮國公載澤、戶部侍郎戴鴻慈、兵部侍郎徐世昌、湖南巡撫端方、商部右丞紹英共同出洋考察各國政治，為立憲新政做準備，但甫登火車，即遭革命黨人吳樾炸彈襲擊，紹英該年八月二十六日的日記云：

> 早赴前門東車站，會同澤公、徐大人登火車，甫登火車，忽聞炸炮一聲，當時跌倒，隨有家人扶出，身受傷七八處，惟左股較重，即至法國醫院調治。同去者為服部先生，醫士歐宜穆沙荷德調治甚效，暫在醫院調理。❺

---

❹《紹英日記》影印本，國家圖書館出版社二〇〇九年版，第一冊，第七頁。以下所引《紹英日記》均據此本。

❺《紹英日記》影印本，第一冊，第六〇五—六〇七頁。

清室剛欲啟動立憲的車輪，即遭此挫折，洵非吉兆。後來紹英因傷、徐世昌因公務皆不能成行，清室又改派山東布政使尚其亨和順天府丞李盛鐸，會同載澤、戴鴻慈、端方，於十二月中旬分兩路出洋考察。經過近半年的海外考察，五大臣歸國後提交了「考察憲政報告」，清室也隨之宣布預備立憲。可惜山雨欲來，歷史沒有給清室留下太多的改革時間。光緒三十四年（一九〇八），光緒和慈禧相繼駕崩，三歲的宣統繼位，清室在國內立憲派運動的壓力下，不得不於宣統三年（一九一一）宣布實行所謂的「責任內閣制」，但一三名閣員中，滿員九人、漢員僅四人，滿員中皇族又占六人，時稱「皇族內閣」，輿論大嘩，很快武昌起義爆發，開啟了推翻清朝，走向民國共和的新篇章。

在這大廈逐漸崩塌的末路之行中，紹英雖然步步高升（光緒三十二年升商部左丞，轉任度支部左侍郎；光緒三十三年兼崇文門稅關副監督；宣統三年九月署度支部大臣），心情卻難免沉重和憂急。不妨看幾則他宣統年間的日記：

> 值日，本部具奏財用窘絀、舉辦新政宜力求撙節、以維大局一摺。（宣統元年六月二十日）
>
> 晚，毓月華請，略談時事。當此時事艱難之際，我輩受恩深重，自應盡心職守，

敬慎將事，若自揣才力不及，惟應急流勇退，庶免阻礙賢路，以求自全，是或一道也。（宣統二年二月十四日）

致徐中堂一函，懇其轉達袁總理大臣因病請假事。計自光緒卅一年十一月十二日奉旨署理侍郎，嗣經補授侍郎，暫署度支大臣至今，時歷六年，時局變遷不圖至此。署度支大臣將及半月，竭蹶從事，艱窘異常，倘借款無成，實無善策，聞內帑尚有存儲，第討領不易，不知將來能辦到否，臣力竭矣。如此次假期屆滿，只得再請開署缺，以免貽誤大局也。（宣統三年十月十二日）❻

這是一位焦頭爛額、時想避路讓賢的「財神爺」。他也曾謀劃借外債、發內債、勸捐輸，使用渾身解數想要保證財源：「請袁總理大臣看借債合同……又交愛國公債事」（宣統三年十月十一日），「勸諭鹽商捐款」（宣統三年十月十四日）；但「英、美、德、法、俄、日本會議，中國借款概行拒絕」（宣統三年十月十一日）❼，內債認購及其他捐輸則多落入袁世凱手中，看來

---

❻《紹英日記》影印本，第二冊，第八八頁；第一二四頁；第二四八—二五〇頁。

❼《紹英日記》影印本，第二冊，第二四六頁；第二五二頁；第二五五頁。

這又是一位被政治家和野心家玩弄股掌之間的「財神爺」[8]。當袁世凱耍弄手段，逼迫隆裕太后時，紹英在日記中沒有對袁的說法表示出半點懷疑：

> 內閣具奏請上召集近支王公會議大計。是日上先召見王公，次召見內閣國務大臣，皇太后垂淚諭袁總理大臣云：「汝看著應如何辦即如何辦，無論大局如何，我斷不怨汝，即皇上長大，有我在，亦不能怨汝。」袁對云：「臣等國務大臣擔任行政事宜，至皇室安危大計，應請上垂詢皇族近支王公。論政體本應君主立憲，今既不能辦到，革黨不肯承認，即應決戰。但戰須有餉，現在庫中只有廿餘萬兩，不敷應用，外國又不肯借款，是以決戰亦無把握。今唐紹怡請召集國會公決，如議定君主立憲政體，固屬甚善；倘議定共和政體，必應優待皇室。如開戰，戰敗後恐不能保全皇室。此事關係皇室安危，仍請召見近支王公再為商議，候旨遵行。」復召見近支王公，俟王公見過退下，遂定召集國會之議，擬旨閱定後，總理大臣、國務大臣等署名。竊思國事危迫已極，為人臣者無法補救，憂痛何如。惟願天心垂佑，期有轉機，或定君主政體，或可以一戰而勝，誠為天下幸福。否則共和政體恐不能辦成，已召糜爛瓜分之禍，大可懼也。伏惟上天有好生之德，當不致戰禍不息，仍享和平之福，不禁馨香祝之。（宣

統三年十一月初九日）

至內閣，會同外務大臣交覆總理大臣函，為查明親貴大臣在各銀行並無存款事。總理大臣云：「欲戰則兵少餉絀，欲和則君主立憲宗旨難保，惟有辭職，望上另簡賢員辦理等語。」時事危矣，既無力挽回，亦只有因病辭職，以免貽誤大局。計自暫署度支大臣兩月，籌款維艱，智窮力竭，現在雖庫款尚敷一月之用，而軍用浩繁，終有餉項難繼之一日，愧悚奚如。午後進署，因感受風寒，令丞參廳辦摺，自廿七日起請假五日，幸尚無經手未完事件也，如假滿不癒，再請開缺可也。（宣統三年十一月二十六日）❾

紹英絕想不到，袁只是借機以逞私欲，「惟有辭職」之語全係演戲，倒是紹英本人，確實已

❽ 參見王春林〈愛國與保身：辛亥革命期間的親貴捐輸〉，該文認為：「袁世凱的『勒捐親貴』擠出了皇室親貴的大量積蓄，使得他們不得不轉而依賴袁氏，從而墮入袁氏的逼宮陰謀中。……勒捐之後，名利俱損，危局之下，復加之以優待條件，則一般親貴唯有接受一途。」《清史研究》二〇一二年第一期，第六四—六五頁。

❾《紹英日記》影印本，第二冊，第二六四—二六八頁；第二六九—二七一頁。

經「智窮力竭」、真欲辭職矣。

（二）遜清皇室的尷尬處境

溥儀遜位後的民國元年，一時出現了南北統一、五族共和的新局面，該年陽曆八月至九月間，孫中山北入京師，還出席了遜清皇室的歡迎晚宴，雙方相聚甚歡，都表達了對對方的善意和尊重。《紹英日記》記錄下了這珍貴的一幕：

> 晚，醇邸醇邸因小恙未到、倫貝子、世太保公宴孫中山、黃克強、陳君其美及國務院各員、參議院吳宗濂住後王公廠、湯化龍，陪客中有順王、江統領朝宗、禁衛軍統制王廷楨、張仲和、長君樸等，景三哥與余亦在陪客之列。入座上香賓酒時，倫貝子代為演說，以表皇族開會歡迎之意，略謂：從來有非常之人始能建非常之功，其孫中山先生之謂乎，今改數千年專制政體而為共和，固由孫中山先生及諸位先生之功，亦由我皇太后、皇上至公無私，以天下之政權公諸天下。惟自改變共和政體以來，而天下事變乃愈亟。語云「世界能造英雄，英雄亦能造世界」，此後政治日進文明，不第我皇族得享優待之榮，而天下人民常享升平之福，均惟諸位先生是望云云。說畢又云：

余今日得見諸位先生，至為光榮，舉酒願祝諸位身體康健。同座均鼓掌。孫中山令黃克強答詞，略謂：現在世界競爭，中國非共和政體不能自立，是以孫中山先生熱心改革。今者五族共和，實由皇太后、皇上聖明，德同堯舜，我輩均甚感激。惟此時外交甚為警戒，切望五族一心，勉力進行，以濟時艱云云。八鐘入座，十鐘散。（民國元年八月初一日）⑩

溥倫（倫貝子）讚揚共和政體的建立，是由於孫中山等人的努力，但也認為遜清皇室「至公無私，以天下之政權公諸天下」是其中重要原因；黃興（黃克強）答詞對此表示同意，「今者五族共和，實由皇太后、皇上聖明，德同堯舜，我輩均甚感激」，但更強調「中國非共和政體不能自立」，現在必須五族同心，一致對外，才能共濟時艱，顯然眼光更為長遠。孫、黃等人昔為清室欲誅之亂黨，今卻成為遜清皇室座上貴賓，這既反映出「五族共和」已經成為各派勢力願意認同的共同基礎，又反映出遜清皇室亂世中主動示好的保身之道⑪。

⑩《紹英日記》影印本，第二冊，第三四五—三四八頁。

⑪對此段材料所體現意義的深入分析，可參桑兵〈民元孫中山北上與遜清皇室的交往——兼論清皇族的歸屬選擇〉，《史學月刊》二〇一七年第一期；李在全〈民元孫中山北京之行與遜清皇

因為進入民國後的政治雲譎波詭，入主北京城的各路豪雄走馬燈似的變換。在一些訪問北京的外國人眼中，一九一二年到一九二四年底的共和政局是這樣的：「國會有失體面的被解散，又徒有其名的被重新召集；政府部長和軍隊將領們週期般躲進這個或那個外國使館尋求庇護；無視總統的命令，無情地蔑視人民的利益，在首都的大牆下，軍閥們演出了一齣又一齣武裝衝突的鬧劇；就連總統本身也是由某一派系集團擁戴上臺，又被另一派系集團拉下臺。他們在所有這些相類似的情形中，還觀察到：騷亂，分裂，土匪，饑餓和內戰，陰謀和國會的戰略，詭計多端的政治家，以及軍事冒險家的殘忍和頭腦發熱的學生的滑稽戲。」⓬已讓出統治權的遜清皇室對哪一派也得罪不起，其命運身不由己，不得不施盡手段，小心逢迎各方勢力。請看《紹英日記》以下記載：

> 中堂云廿四日至大總統處提議聯姻之事，大總統甚贊成，惟云須俟國體定後再為辦理。（民國四年十月二十五日）
>
> 早，進內，醇親王來，隨同至永和宮，三位主位召見，為大婚之事，令王爺及紹英見徐總統再為求親，並令告明世中堂。（民國十年五月十四日）⓭

這是分別欲與時任民國大總統的袁世凱和徐世昌聯姻，以謀鞏固皇室待遇的「和親」

手段。

晚，張雨亭請，會同楊子襄說送給匾額事，張雨亭云：已有人說過，予已推辭，日後再說罷。嗣見張斌舫在座，與伊接洽此事，伊云：伊亦曾說過，張雨亭不肯受，據云不在乎此等語。（民國七年十一月初七日）

進內，上召見紹英、耆齡，問張作霖進內事。擬加賞腰刀一把，係乾隆四年製，名「月刃」，令換天青絲帶，並諭云如張進內即賞，否則即不必矣。（民國九年六月二十七日）

余與耆大人請見，上召見，言語王爺云十月廿一日係曹錕正壽，可賞給物品四色，壽佛一尊，如意一柄，乾隆五彩瓷瓶一對，庫緞八卷，上允准。（民國十年十月十三日）

榮大人傳知上要二萬元，為給賑款，先向鹽業銀行商借，該行不肯再借，只得向滙豐銀行浮借二萬元，該行允可，即將支條交來。……予將支條一萬元交榮大人轉交

室的應對〉，「世界視野下的孫中山與中華民族復興——紀念孫中山先生誕辰一五〇週年國際學術研討會」（二〇一六年十一月）會議論文。

⓬ 莊士敦著、陳時偉等譯《紫禁城的黃昏》，求實出版社一九八九年版，第一二二頁。

⓭ 《紹英日記》影印本，第三冊，第一九五頁；第四冊，第四三三頁。

王將軍，係屬賑款；其餘一萬元交恩老爺轉交鄭大人，詢明交給馮檢閱使作為賑款。據馮軍參謀長云，該軍作工係民國發給款項，無須賑款也。（民國十三年七月十五日）

聞吳巡閱使有今晚到京之說，當由電話請醇王爺示應否照送燕果席接風，奉諭照辦，當派寶鏞往送果席。（民國十三年八月十七日）⓮

這是清室欲取悅來京各實力派軍閥，以圖自保之舉。日記中的張雨亭即張作霖；馮檢閱使即馮玉祥；王將軍即王懷慶；吳巡閱使即吳佩孚。可嘆的是，張作霖對賞賜並不在乎，而馮玉祥乾脆予以拒絕。昔日令人感激涕零的浩蕩皇恩，今天在很多人看來只是一種無足輕重的點綴，令人感慨係之。

更令人悲哀的是，即使在一些皇族內部事務上，清室也不能完全自主。如民國二年隆裕太后去世後，總統府軍事處總長蔭昌、陸軍總長段祺瑞送來袁世凱致載灃公函一件，希望推尊瑾妃為四妃（瑜、珣、瑨系同治之妃，瑾為光緒之妃）之首，照管宮中一切事務；清室只好「遵照辦理，並致謝忱」（《紹英日記》民國二年二月初一日）⓯。至於那些恃強向清室借款或漁利之事，清室也只能一概應允照辦：

隨同中堂至太極殿請見主位，奏明馮總統借債票三百萬元事，上俞允照辦。（民國七年四月初三日）

晚，頤和園司員來談公事：一從前提署所提分之款，十一師宋師長擬繼續提分，只得照辦……（民國十四年正月初七日）⓰

馮國璋為競選總統向清室所借的這筆巨款不知最終歸還沒有；但馮玉祥部下十一師（後改為第四師）師長宋哲元卻實實在在地將原給提督衙門的頤和園收入的提成索取過來，清室都只能乖乖聽命。

昔為人上人，今為籠中雀，《紹英日記》真切呈現出遜清皇室的尷尬、委曲和淒涼的處境。

⓮《紹英日記》影印本，第四冊，第二〇一－二一頁；第四冊，第二七九頁；第五冊，第三九－四〇頁；第五冊，第四一二頁；第五冊，第四二九頁。

⓯《紹英日記》影印本，第二冊，第四一二頁。

⓰《紹英日記》影印本，第四冊，第六頁；第五冊，第五一〇頁。

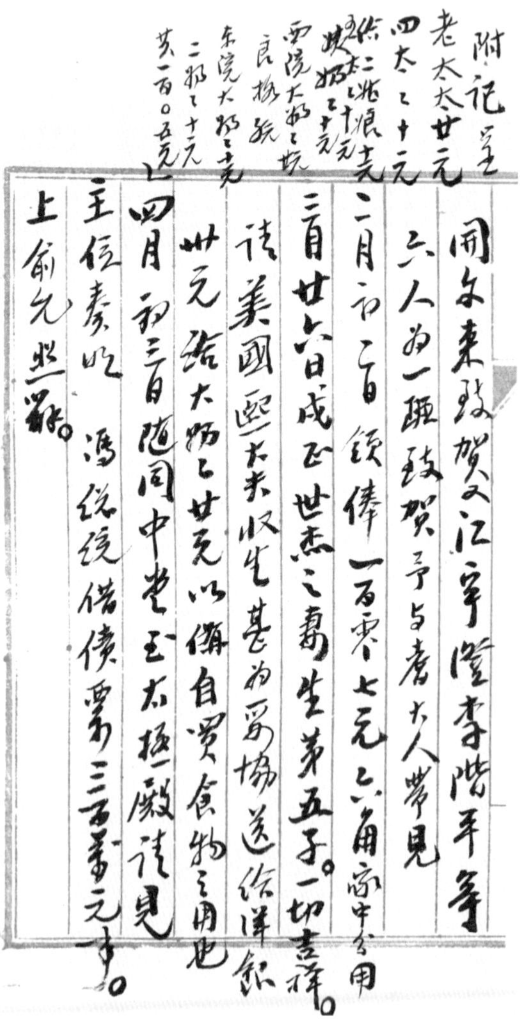

馮總統借款（《紹英日記》民國七年四月初三日）

（三）難以維持的「優待條件」

民國元年二月九日，由民國南京臨時政府向清室函送的有關清帝退位的優待條件，共分甲、乙、丙三項總計十九款，既有給皇帝的優待條件，也有給清皇族待遇的條件，還有關於滿、蒙、回、藏各族待遇的條件。但由於社會上不時出現反對之音，再加上民國政府財政困難，對此條件的執行經常大打折扣，故遜清皇室一直有「優待條件」是否會被廢止的擔心，為此他們百般努力，力爭使「優待條件」列入憲法，以便得到永遠保障。《紹英日記》對此頗有記錄：

> 世中堂午後至總統府談優待條件加入約法事，大總統之意甚好，蓋為永遠遵行，確定效力之意。（民國三年三月十一日）
>
> 進內，求見四宮主位，召見於太極殿……上意尚以為可，令將年節及各節應交之款交進，並言及優待條件應提議加入憲法事。（民國五年十二月初五日）
>
> 午後至那宅豫備請客事，徐中堂、世中堂到，所請議員到者一百七十餘人。徐中堂宣言請將優待條件加入憲法，以為保障，永遠有效等語；湯議長化龍答詞，大意可用制定憲法手續規定優待條件，永遠有效，我輩可擔任云云，座中全體鼓掌。徐中堂

遂舉杯稱謝，此會尚為歡暢，可望達到目的，誠可慶幸。（民國五年十二月二十二日）

晚，福子堃等十位由憲法會議處旁聽回，據云王謝家、榮厚、李振鈞、克希克圖諸君提出優待皇室條件，經國會第一次公決後永不失其效力，以為保障等議案，同會四百餘人均起立表決，均無異議。聞日後尚有行文政府、知照本府之手續云。（民國六年二月二十九日）

張將軍談及已見黎總統，請將皇室優待條件加入憲法，即用命令宣布云云，聞之甚為欣慰，從此可望優待穩固，並可息謠言而免嫌疑，實為幸事。（民國六年四月二十七日）[17]

雖然極力籌劃，並得到了議長湯化龍的支持，但最終仍未達到目的。民國六年二月二十九日（四月二十日）的憲法會議只是重申了「優待條件」的效力，並不同意將「優待條件」列入憲法。該年四月八日（五月二十八日）內務總長范源濂諮復內務部云：「本年四月二十日憲法會議第四十八次會議，經主席以關於清皇帝優待條件及待遇蒙滿回藏各條件，本屬締結條約性質，曾經臨時參議院議決，當然永遠發生效力，其加入憲法與否，效力均屬相等，不必再議，眾謂無異議，相應檢回速記錄，諮復貴府查照可也。」[18]正好可與《紹英日記》中所載相互參照。六月十六日，入京調停「府院之爭」的張勳（即日記中所云張將軍）建議黎元洪「將皇室優待條件加入憲法」，接著又悍然發動復辟，雖然旋即失敗，卻給廢止「優待條件」的一派提供了更多口實。所幸有徐世昌和段祺瑞等人的有意保全，遜清皇室暫得無事：

> 早，拜謁徐相國，晤談許久，談及優待條件之事。據云現正與新學家研究辦法，以備將來談判云。（民國六年六月初二日）
>
> 進內，與陳師傅略談，回家閱《公言報》所云，優待條件問題擬俟國會召集時再行決議，所有優待費悉照從前規定一一給與，得段氏為之維持現狀，故一時尚無危險之可言等語，此問題似在緩議之列也。（民國六年六月初十日）⑲

但「優待條件」的存廢之爭並未就此消失，而是愈演愈烈，至民國十一年達到一個高潮，該年《紹英日記》僅存下半年，但裡面已有不少相關訊息：

---

⑰《紹英日記》影印本，第三冊，第四四頁；第三三五頁；第三四七—三四八頁；第三八二頁；第三九九頁。

⑱秦國經《遜清皇室軼事》，紫禁城出版社一九八五年版，第二八頁。

⑲《紹英日記》影印本，第三冊，第四三七頁；第四四三—四四四頁。

午後至王府，王爺云……江宇澄說駱、李議員議案已為皖議員李振鈞打銷矣，可由皇室派趙爾巽、王士珍二人加以名義，令其隨時幫同交涉，予云此事似有不便之處，恐民國疑忌，反不相宜，王爺尚以為然。（七月十三日）

午後江宇澄來談蔣雁行鉤結議員，欲詐取皇室銀款，有給款一百五十萬元，可不提議取銷優待之語，宇澄已托同鄉某結合數人勸令駱、李議員無形取銷矣，蓋憑空居功之意也。（八月十六日）

早，進內，耆、寶大人到，談及鄧元〔彭〕提議案並無人聯署，據恩永春、烏澤生云仍宜鎮靜為要，彼等必隨時照管也。議定仍請議員諸位招呼一切，研究辦法，一面催送曹、吳諸要人物品，以便求伊等關照也。（十一月初三日）

午後至梅斐猗處晤談，據云四川議員孫鏡清擬提議案，云皇室違法，應取銷優待等因，梅不肯聯署，並勸其毋庸提出，孫尚未決定如何辦理。當託梅君隨時維持解釋為要。（十一月初八日）

聞寶大人云議員李燮陽提出議案取銷優待，追究復辟之事，已有卅七人聯署，恐欲列入議事日程，當即回明王爺。晚間同耆、寶大人至王懋軒處送交回賞一分匾一方，大金盒一對，福壽字各一方，特等銀杯一件。又贈曹巡閱使物品一分匾一方，大金盒一對，畫一幅，特等紀念銀杯一件，託王懋軒寄去。請懋軒看李燮陽議案，找其設法維持，伊已允為設法代託王蘭亭、劉京兆尹轉屬議員等維持也，且云將來尚須屬參議院掌筆之議員將優待條件加入憲法，以為永久保全之計，談畢退出。同至福全館晚餐，囑鍾捷南赴津報告徐總統，請為設法督催王懋軒速為設法維持也。（十一月十五日）

早，進內，請朱大人屬孫潤宇代擬理由書稿。晚，福全請客，蔣梅生云議員李純修、張書元又提議案請取銷優待條件，當託蔣君代為疏通云。（十一月二十日）[20]

這些議員多係國民黨出身，如駱繼漢、孫鏡清、張書元，但也有立憲派出身的李慶芳和舊進士出身的李燮陽，其中更有不良議員與蔣雁行這樣的北洋勳舊相互勾結，欲行敲詐之事。八方風雨，草木皆兵，「人為刀俎，我為魚肉」的狀況下，怎麼能不提心吊膽，仰人鼻息。因此每逢國會議員開會之際，即是遜清皇室神經高度緊張之時。面對國民黨或其他不懷善意的議員，遜清皇室自然會悽惶和不安，每有疲於應對、如履薄冰之感。

由於「優待條件」照顧面廣及清皇族及滿蒙回藏王公貴族，因此遜清皇室的王公大臣們，

---

[20]《紹英日記》影印本，第五冊，第一一七頁；第一三八頁；第一八九頁；第一九三頁；第一九七—一九九頁；第二〇〇頁。

無論對復辟「已經感到絕望的，還是仍不死心的，都捨不得這個優待條件」[21]。對於紹英等內務府官員和其他王公大臣而言，其最盼望的是國會能將「優待條件」寫入憲法，最恐懼的是議員提議取消「優待條件」；如果不能將「優待條件」寫入憲法，那麼能夠「維持現狀」也心滿意足。即使是溥儀被趕出紫禁城，「優待條件」被馮玉祥控制下的攝政內閣修改為「大清宣統帝從即日起永遠廢除皇帝尊號」「政府每年補助清室家用五十萬元」等五條後，紹英等人對恢復「優待條件」也未放棄努力，甚至一度想要接受修正條件[22]：

> 發致孫中山函一封，內務府大臣四人銜，為優待條件請其維持，以昭大信事，收訖。（民國十三年十二月初八日）
>
> 予至陳師傅處晤談，請其在上前陳奏，總以優待條件定局再為出洋為妥，否則上若遠行，恐即犧牲一切優待各條，均不能辦到，恐尚不能如修正之五條，且私產將為人收沒，將來一無所有，將如之何。且此時赴日，若待以皇帝之禮，必致民黨之大反對，若待以平民之禮，豈不先自認取消尊號耶？若待解決後再為從容出洋，似覺有益無害也。並請陳明，將柯君鳳孫加派留京辦理善後事宜，以便與執政隨時接洽，大有裨益。陳太傅均尚以為然，不知肯切實陳請否。（民國十四年二月初六日）[23]

紹英等內務府官員的保守傾向深為溥儀和他的洋師傅莊士敦所不滿。溥儀曾深有同感地引用莊士敦的話說：「內務府有個座右銘，這就是——維持現狀！無論是一件小改革還是一個偉大的理想，碰到這個座右銘，全是——Stop（停車）！」㉔莊士敦本人的回憶錄不僅認為「對於每個已故的內務府成員來說，或許把『維持現狀』四字刻在他們的墓碑上都不為過份」，而且認為「皇室卑躬屈膝地乞求民國政府，付給它已過期的本應分期償付的津貼，因而一再將自己置於屈辱和可恥的境地」㉕正是內務府的「維持現狀」造成的。但理性分析，如果能維持「優待條件」，也許就不會發生後來溥儀潛往東北，製造國家分裂的糟糕局面；維持「優待條件」的現狀，也許不失為對中國損失較小的一種選擇。可惜歷史走向了相反方向，隨著「優待條件」的廢止，溥儀與民國漸行漸遠，以至後來被日本利用，淪為日本侵華的工具。從《紹

㉑ 溥儀《我的前半生》，群眾出版社二〇一三年版，第九四頁。

㉒ 另參張書才據中國第一歷史檔案館所藏溥儀全宗檔案編選之〈溥儀出宮後圖謀恢復優待條件史料〉，《歷史檔案》二〇〇〇年第一期，第六六—七八頁。

㉓《紹英日記》影印本，第五冊，第四八〇頁；第五三六頁。

㉔ 溥儀《我的前半生》，第一〇六頁。

㉕ 莊士敦著、陳時偉等譯《紫禁城的黃昏》，第一七二頁。

英日記》裡，我們聽到了不斷回響的遜清皇室沉淪的哀歌。

另外，由於總管內務府大臣的身分，紹英經常與聞要事，如袁世凱稱帝、張勳復辟、兩次直奉戰爭、鹿鍾霖逼宮、溥儀避居天津等，故其日記雖係私人之史，但每每可見出那個時代政治的多元糾纏和時局的動盪變化。《紹英日記》又堪稱一份研究清末民初政治史的重要文獻。

二　為什麼都是負債者

閱讀《紹英日記》，感受深刻的還有一種經濟上的支絀感和窘迫感。民國政府、遜清皇室以及紹英本人，似乎整日都在為沒錢發愁。紹英長期擔任晚清度支部主要官員及遜清總管內務府大臣，對經濟數字比較敏感，其日記中凡涉及銀錢者，每每詳為記錄，頗可作為研究遜清皇室乃至民國財政狀況的有用史料，亦頗能發人深思。

（一）作為欠債大戶的民國

《紹英日記》中的民國政府，竟然是以一個欠債大戶的形象出現的[26]。不妨看幾則其民國元年的日記：

飯後四點鐘，至石大人胡同袁大總統處，見，略說內務府用款事，允為撥給，但宜隨時撥用，若多撥恐辦事人生心侵蝕。（元月二十八日）

世中堂談內務府欠領部款、欠外各款籌擬抵補之法，已行文度支部，應由度支部請總統酌奪為宜。（二月初一日）

進內，與世中堂商議致理財部公函，為請撥足正月分應撥卅三萬餘兩事。（二月二十三日）㉗

可見，民國答允的優待經費從一開始就沒及時撥付過，之後拖欠連連，至民國五年五月，

㉖ 事實上，北洋政府的財政，確實是靠龐大的外債和內債支撐。參黃逸平、虞寶棠主編《北洋政府時期經濟》（上海社會科學出版社一九九五年版）第三章第二節「舉債度日」；金普森《近代中國外債研究的幾個問題》（浙江大學出版社二〇一一年版）之〈北洋外債研究的幾個問題〉和〈北洋時期的財政與外債〉，據金氏研究：「在北洋時期，據初步統計，共舉借外債六三三項（不包括南京臨時政府舉借的一二項），年均近四〇項，債務總額達一五．五六億銀元。」（《近代中國外債研究的幾個問題》，第一〇〇頁）

㉗《紹英日記》影印本，第二冊，第二九三—二九四頁；第二九六頁；第三〇四頁。

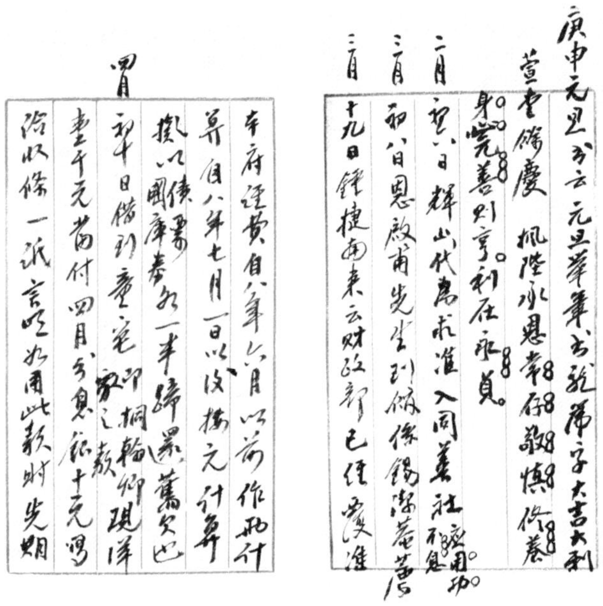

以債票、國庫券各一半歸還舊欠（《紹英日記》民國九年三月十九日）

已拖欠六百餘萬兩㉘；而民國五年更為不濟，至十一月，本年「共欠給優待經費二百五十一萬七千〇六十六兩」（《紹英日記》民國六年十二月十三日）㉙。至民國七年十月，拖欠竟逾千萬

㉘《清內務府檔案文獻匯編》第九冊（全國圖書館文獻縮微複製中心，二〇〇四年）所收遜清內務府民國五年（一九一六）六月十二日致國務院公函底稿云：「查財政部欠發皇室經費，自二年至本年五月，綜計已達六百餘萬兩之巨。……計開：民國二年分共欠銀一九七三三三三兩三錢三分四釐，民國三年分共欠銀一五一〇三一五兩二錢，民國四年分共欠銀一三三六〇〇〇兩，民國五年至五月分共欠銀一一九八六六六兩六錢六分六釐。通共欠銀六〇一八三一五兩二錢。」（第三六四七—三六五〇頁）按：秦國經《遜清皇室軼事》第七七—七八頁亦載有民國元年至八年遜清皇室經費實領情況：「民國元年：應領不欠；民國二年：領二八八一八六七兩四錢六分二釐；民國三年：領二四八九六八四兩八錢；民國四年：領二六六四〇〇〇兩；民國五年：領一五三三五九九兩六錢四分四釐；民國六年：領二〇〇三九九九兩七錢六分；民國七年：領一八七二〇〇〇兩；民國八年：領一六五六〇〇〇兩。」其中民國二年所領經費與內務府公函底稿載所欠經費合起來已達四八五萬餘兩，因《遜清皇室軼事》是據檔案抄錄，並非影印出版，因此疑此處數字或有誤抄之處。

㉙《紹英日記》影印本，第三冊，第三四〇頁。另內務府民國五年（一九一六）十二月二十四日致國務院公函底稿云：「查本年經費僅由部領到銀一百一十萬兩有零。」（《清內務府檔案文獻匯編》第九冊，第三六五三頁）十一個月的優待經費總額減去已領到的一百一十萬餘萬兩，與紹英所云數位大致相合。

兩㉚；至民國九年三月十九日，只好「以債票、國庫券各一半歸還舊欠」㉛，但債券取息常常拖欠甚至不付，信譽並無保證，以致內務府有「得之宛如獲石」之嘆㉜。其後每況愈下，民國十年給一七〇萬元，民國十一年僅給三〇萬元㉝，民國十二年至中秋節僅領過二二萬元，數年積欠又有九百餘萬㉞。而那些所謂領到的經費，也並非皆給以現洋，常充以紙幣或債券等，這些幣券隨著通貨膨脹不斷跌落貶值㉟，使遜清皇室的財政窘境進一步加劇。以至民國十一年（一九二二）溥儀大婚費用一減再減，「典禮處具奏大婚典禮共享銀二十九萬一千七百五十六元」（《紹英日記》民國十一年十一月十五日）㊱。還不到三〇萬元，這與花費了一一〇〇萬兩白銀的同治婚禮和花費了五五〇萬兩白銀的光緒婚禮相比，實有雲泥之別，它反映出民國與遜清皇室的財政均極窘迫。雖然盡量低調，但溥儀大婚依然受到了批評，議員鄧元彭云：「何物溥儀，不知自愛，生存於五色國旗之下，膽敢藉結婚之儀仗，特標榜其黃龍旗大皇帝之徽號，形似滑稽，事同背叛。」㊲甚至提議取消優待條件。

延至民國十三年溥儀被逼出宮後，《優待條件》經費一條被修正為「民國政府每年補助清室家用五〇萬元」。即使如此，民國政府也未兌現，《紹英日記》民國十三年十二月十二日載：「午後恩、鴻老爺來談公事，據云政府發給十月份二成經費八千四百元，是否承領。予云此款既聲明每年五十萬，分月應發之二成，當此大局未定之時，已經減成發給，自未便

承領也。鄧三爺來談，已與李總長商定，可由內務府函致段執政，請求發給陳欠及已發之國庫券未能使用之款，求其設法，以便度過陰曆年關。」㊳本已減至每年五十萬元分月發放，但

㉚內務府民國七年（一九一八）十月十九日致財政部函底稿云：「累年積欠竟逾千萬。」（《清內務府檔案文獻匯編》第九冊，第三七〇九頁）

㉛《紹英日記》影印本，第四冊，第二五四頁。

㉜見民國七年（一九一八）四月二十四日內務府致徐世昌函底稿，《清內務府檔案文獻匯編》第九冊，第三六二六頁。

㉝阿部由美子〈中華民國北京政府時期清室、宗室、八旗與民國政府的關係——以《清室優待條件》為中心〉一文引馮煦、鄭孝胥等致張作霖信云：「近幾年很少供給，前年一七〇萬，去年僅三〇萬，本年（一九二三）一—七月僅供給二三萬元。」該文總結云：「綜觀民國政府供給清室歲費大致水準，袁世凱時代六十—七十%，一九一〇年代五十—六十%，一九二〇年代二十%。」《清代滿漢關係研究》，社會科學文獻出版社二〇一一年版，第五四四頁；第五四五頁。

㉞內務府民國十二年（一九二三）致財政部函底稿云：「惟查優待經費歷年積欠不下九百餘萬元，而本年只領過二十二萬元……現在舊曆秋節在邇。」（《清內務府檔案文獻匯編》第九冊，第三九三五—三九三六頁）

首次發放即只有應發的二成八千四百元，又怎能指望以後情況會好轉，無怪乎紹英要拒領了。

（二）皇室的借債與自救

遜清皇室是民國的債主，但因機構臃腫，浪費嚴重，每年僅三節（端午節、中秋節、年節）用銀即高達一百多萬兩，於是又不得不奉銀行為自己的債主。溥儀雖對內務府管理不善、貪腐浪費深感不滿，但以他自己為首的皇室核心成員更是揮霍無度。《我的前半生》中曾回憶：

> 關於我的每年開支數目，據我婚前一年（即民國十年）內務府給我編造的那個被縮小了數字的材料，不算我的吃穿用度，不算內務府各處司的開銷，只算內務府的「交進」和「奉旨」支出的「恩賞」等款，共計年支八十七萬零五百九十七兩。[39]

月支達七萬餘兩。《鄭孝胥日記》民國十三年五月初一日載：「是日交進上用及太妃、后、妃月用共十七萬有奇。」[40]這個數字顯然是包括三位太妃和溥儀的后妃在內的，這尚是在財政最困難的民國十三年，合計年支亦有二百餘萬元。不妨看一下《紹英日記》所記民國十三年六至八月溥儀除「月用」外的其他開銷：

上買汽車用洋八千六百元，又令交進五百元。（六月十九日）
召見予與榮大人，交下珍珠手串兩掛，又廿二串，令變價。（七月初三日）
榮大人傳知上要二萬元，為給賑款。（七月十五日）

---

35 如內務府民國七年（一九一八）致財政部函底稿云：「本府所領經費皆係中、交兩行紙幣，際茲票價日益低落，虧折自必加多，即使所領足額，尚未及原數之半。」（《清內務府檔案文獻匯編》第九冊，第三七〇九—三七一〇頁）世續民國八年（一九一九）致徐世昌函底稿云：「刻聞各機關有於新年後均搭放現洋四成之語，敝署所領經費均係中、交紙幣，嗣因幣價跌落，以致承差者賠累不堪……特函請飭下財政部，嗣後撥給皇室經費，亦按照各機關一律搭放現洋四成。」（《清內務府檔案文獻匯編》第九冊，第三七二一—三七二二頁）民國十一年（一九二二）八月十三日《紹英日記》：「本節向滙豐借五十萬元，民國財部給十萬元，計現洋、兑換券各五萬元。」

36 《紹英日記》影印本，第五冊，第一九七頁。

37 天津《大公報》，一九二二年十二月三日。

38 《紹英日記》影印本，第五冊，第四八四—四八五頁。

39 溥儀《我的前半生》，第一一三頁。

40 勞祖德整理《鄭孝胥日記》，中華書局一九九三年版，第二〇〇二頁。

是日上言及內務府之事，責備辦理無效，既未能核減，又不能開源，如增租催租等事。並云每節必用物品抵押借款，何所底止，將來有何辦法；對云如能裁減至王府規模，將局面撤去，似可核減之處甚多，譬如王爺府中起居飲食亦不致甚苦，用人既少，浮費亦少也。上云莫非將尊號撤去；對云並非如是，雖然極力核減，依舊尊嚴，不過核減用度而已。上云嗣後如有應核減之處，可開單請旨；對云應請乾綱獨斷，自能實行大減也。秋節之事上令將節賞裁撤，亦不必另行交進，只將所欠月例等款發放，餘俟過節有錢時再為發給也。遂退出。（七月二十一日）

會同榮大人將售珠價銀八萬元期票八張呈交，上收入，尚有喜色。（八月初六日）

耆大人請假五日。上要現洋五百元，已交進訖。（八月十六日）

接堂上電話，本日上要銀洋二千三百元，要款無度，應付為艱，自應請朱大人代為陳明，否則實無辦法也。（八月十七日）㊶

不到兩個月，額外要款三一九〇〇〇元（還不算變賣珍珠手串的八萬元），無怪乎紹英會覺得「要款無度，應付為艱」。因此當溥儀指責內務府不能開源節流、辦理無效時，膽小謹慎如紹英者亦忍不住指出是宮中浮費太多了。當如此「浮費」，而民國優待經費又不能落實時，向銀行

舉債就成為無奈而當然之舉了。從《紹英日記》的記載看，民國十年前遜清皇室還不常向銀行舉債，之後舉債的頻率就高了起來，以至抵押債券或宮中金冊、金寶和其他金器等，跨入一九二〇年代，民國政府對優待經費的發放，因「國庫支絀，實發不及二成，皇室所維持生活，胥恃典質舊物」㊷。

為了改變這種窘境，遜清皇室不止一次試圖掙扎和開展自救。在不斷催促和請求民國政府及時撥款的同時，也想了一些開源節流之策。如「不得不以租房賣地來彌補經費之不足……這樣仍然維持不了皇室的開支，所以溥儀一再壓縮機構，精簡人員，結果都無濟於事。最後不惜盜賣古董文物，或以大批的珍寶玉器為抵押，向滙豐等洋行大量借款，以維持這個小朝廷苟延殘喘的命運」㊸。除此之外，還有領取債券利息或折價將公債兌換現鈔等㊹。這些情況，

㊶《紹英日記》影印本，第五冊，第三九一頁；第四〇九頁；第四一二頁；第四一四—四一五頁；第四二一頁；第四二八頁；第四二九頁。

㊷清代宮史研究會《清代宮史論叢．宗人府教養工廠創辦概況》，紫禁城出版社二〇〇一年版，第三一五頁。

㊸秦國經《遜清皇室軼事》，第七八頁。該書大量利用故宮檔案，對遜清皇室精簡內務府機構人員和遣散太監的過程有詳細記錄。另外，滕德永〈遜清皇室籌解經費的努力〉（《溥儀研

在《紹英日記》裡都有真切的反映。如：

> 皇太后諭令：所有皇室所屬各衙門應裁應併，通盤籌劃永久之計，隨時會同醇親王妥商辦法，奏明辦理。（民國元年十月初八日）

> 進內，王爺、倫四爺、中堂、陳師傅、景大人會同先至端康皇貴妃前陳明節省經費事，又同至太極殿見三位主位陳明核減經費事。（民國三年六月二十一日）

> 午後至籌備處，商酌內務府應行裁併事宜。（民國四年二月十三日）

> 蒙召見予與耆大人，為裁膳房廚役、太監事。（民國十年十一月初二日）

> 上交下朱諭一道，大意每年只用五十萬之譜，令王大臣等設法核減云云。大家隨同醇王爺至養心殿，召見。上云民國不給經費，入款無著，不得已而為核減之舉，甚望幫同核減，分別具奏，眾云節流固不可緩，開源亦應舉行，庶克有濟。（民國十三年三月十五日）[45]

以上這些都是關於「節流」的記錄。而關於「開源」，《紹英日記》裡更是不乏其例，如：

> 與中堂談內務府地租事。（民國四年八月二十日）

中堂交進售賣瓷器洋元票八萬七千元，銀庫取到公債息銀卅萬四千八百八十七圓三角。（民國七年四月三十日）

午後接奉醇王爺電話，令給總理、總長信，以催經費。（民國十年十一月二十九日）

至王懋宣處晤談，請其看鄧君翔信，說明擬運出金器交滙豐作押，以便籌備續借大婚用款。（民國十一年九月初九日）

究》二〇一六年第一期）利用《紹英日記》等史料，對此問題也有較詳細的探討。陳肖寒〈民國初年遜清歲費問題初探（一九一二—一九一六）〉（《西南農業大學學報》二〇〇九年第四期）、田牛〈論遜清「小朝廷」的皇室經費問題〉（《求索》二〇一四年第六期）對此問題也有所論及，皆可參看。

㊹《紹英日記》民國六年還記載了擬以公債折價入股投資事：「劉聚卿來談債票入股事。」（元月十一日）「中堂將錢能訓（幹臣）所交之辦理債票入股條款呈王爺閱看，王爺令中堂與徐中堂商酌辦理。予與中堂云如必欲入股，可照有限公司辦法，聲明應有限制，以免日後賠累。中堂尚以為然，令鍾潔南轉告鄧君翔債票事須從緩辦理，因有議員誤會也。」（二月十九日）分別見《紹英日記》影印本，第三冊，第三五九頁；第三七三—三七四頁。然似未果行。

㊺《紹英日記》影印本，第二冊，第三六八頁；第三冊，第七三—七四頁；第一三七頁；第五冊，第一五〇頁；第三二二頁。

上召見，問奉天匯到之地價廿萬小洋，對云已回明王爺，令歸入典禮處備用；上云此款應存，以售公債之款辦喜事，對云因現在用款，已經動用，將來撥賬亦可。（民國十一年九月二十七日）

早，王爺到，回明派鍾捷南赴津，託徐總統轉屬王將軍向曹總統陳請催撥經費及維持一切事。（民國十二年九月十二日）

此次鄭大人與大陸、實業銀行所借之款第一批之數五十五萬元，除還滙豐外，尚餘七八萬之譜，其抵押即用滙豐前後兩次提出之金器，另有清單；尚擬第二批借款廿五萬元，即以古玩等物作抵押云。（民國十三年三月二十八日）[46]

看來，所謂的「節流」無非裁人裁經費，但談何容易；所謂的「開源」，雖有催款、地租、售物、公債變現、抵押借款諸項，但催款效果無疑不彰，其他諸項亦不過是飲鴆止渴之法。

上述諸例中的「鄭大人」指鄭孝胥，事涉遜清皇室自救的特殊努力。由於不滿內務府官員的因循守舊、經營不善，溥儀於一九二四年三月三日破例任命鄭孝胥這位漢大臣為總理內務府大臣，並且掌管印鑰，令其全權整頓內務府。雖然鄭孝胥的辦法也無非裁人、裁經費、抵押借款等，但他裁治太狠，步驟太急，不僅遭到內務府官員的消極抵抗和胡嗣瑗等遺老的反對；而且遭到民國議員對其是否盜賣宮中古籍、古物的質疑，僅過了三個多月，就被迫辭職㊼，這次改革遂虎頭蛇尾地結束了。印鑰雖然又回到了紹英手中，但他並無喜悅之情，因為遜清皇室財政如沉疴之病人，像鄭孝胥那樣用猛藥固然不可，但所謂的「維持現狀」之法

㊻《紹英日記》影印本，第三冊，第一七四頁；第五六七頁；第五冊，第七〇頁；第一五六頁；第一六七頁；第二四四頁；第三四二—三四三頁。

㊼胡嗣瑗對於羅振玉和鄭孝胥顯露宮廷祕寶引人覬覦，以及依違軍閥間頗多批評。胡氏《甲子蒙難紀要》載：「自癸亥（一九二三年）七月孝胥展覲回，頗思自見，抵書陳太傅寶琛等，舉前知府金梁任清理京、奉皇產，謂可得巨貲，充內帑。寶琛約北來，商辦法。是年冬，孝胥復至，則主立裁內務府，銳減民國歲支皇室經費四分之三，群訝其大言操切，無一贊成。遽還滬，詆在事者貪庸戀棧，陳太傅亦同化。甲子（一九二四年）正月，入京祝嘏，承命總理內務府，引金梁並為總管大臣。明知裁減窒礙多，姑從緩，第一決運《四庫全書》赴滬，交商務印書館印行。點裝待發，民國指為盜賣，趣總統曹錕抗阻，國會哄糾孝胥，牽及陳太傅，曹錕遂派其屬十人清查皇室寶藏。勢岌岌，內外大嘩，金梁猶日上封奏彈射人，比隨孝胥等御前議內府減費，未決，忽洩清單於報館為新聞，被溫肅劾之去。孝胥亦不安於位，改懋勤殿行走，留京不即歸。時吳佩孚狃於直皖之役，號無敵，開幕府於洛陽，謂可操縱全局。孝胥與子鄭垂更番入洛，不審謀何事，似無所就。馮玉祥在豫與吳佩孚不相能，卻諂奉曹錕，得移軍營南苑，並一再上謁我醇親王，謬恭敬，內務府為奏賞紫禁城內騎馬，且遜詞呈乞代謝。孝胥又圖與交結，走天津請段祺瑞為書紹介，既相見甚

亦不過是緩死而已，因此紹英在五月二十四日的日記中如此記載：

> 進內，王爺到。鄭大人請開缺，奉旨允准，仍在懋勤殿行走，並著會同籌辦內務府核減事宜，並派朱大人益藩會同辦理內務府事宜，派紹英佩帶內務府印鑰等因。對於王爺聲明，將來如病體不支時，尚祈王爺施恩賞假開缺等因。王爺云，不可令我著急，我若急死，亦無好處。對云不敢讓王爺著急，但若病情不能支持時亦無法也。語近激烈，實由於公事直無辦法，只得看日後維持到何地步再作斟酌。[48]

「直無辦法」是遜清皇室財政窘境和紹英為難心理的真實寫照，而且諸如此類的哀嘆在《紹英日記》中是一種常態化表現：「日後若無善後辦法，皇室之事實無法維持矣」（民國十年八月十三日），「以後用度甚為難繼，真無辦法也」（民國十二年八月十六日），「後難為繼，真無辦法」（民國十三年十二月二十六日）。甚至發出「現在當官之困難實與地獄相近」（民國十一年七月二十六日）[49]的悲鳴。

（三）入不敷出的總管

紹英作為遜清皇室的高級官僚，每年的薪金及各種賞賜、飯銀補貼等，合起來數目頗為可觀。以民國四年為例，他的各項收入統計如下（每兩銀折算為一．三九元）：

二品俸銀：四三〇．五二元（一〇七．六三×四季）

歡，驟憑之以懾內廷諸人，諸人亦或詫孝胥叵測。會曹錕、張作霖交惡，釀兵禍日急。佩孚實主其事，將自洛入京，孝胥倏往就之，同車抵前門站，玉祥出迎，不虞鄭、吳之仍合也，目攝之而未言。佩孚從正陽門中道入，住四照堂，排日會議，或遇孝胥偶在坐，玉祥疑益甚。及發，佩孚自當灤榆正路，遣玉祥軍出熱河，轉攻奉。吳、張軍已搏戰，玉祥倒戈回京，國民軍孫岳啟城延之入，拘曹錕，捕錕弟銳，嬖人李彥青斃杖下。佩孚聞變，軍潰走，眾惶駭不知所為。孝胥乃諂玉祥稱賀，商逐內務府舊人，交其接管，許歲費由四百萬減為五十萬，俟清理內有財產，自給當有餘，直不需民國一錢。玉祥陽稱善，陰喜內藏富，得攫以自雄，孝胥竊猶倚恃玉祥。群醜計決，先去景山禁軍，以炮兵踞大高殿。越日，鹿鍾麟即率兵入宮，逼改優待條件，迫遷乘輿，立限答覆。內務府大臣紹英在內，手草復文，允移宮，餘俟派員再議。文交出，即扈駕出幸醇親王府，后妃亦隨往。鹿軍露刃環視，竟莫敢誰何，為十月朔又九日。孝胥時處寓舍中，尚瞢然未之覺也。」（裘陳江整理《胡嗣瑗日記》，鳳凰出版社二〇一七年版，第一五三—一五四頁）

48 《紹英日記》影印本，第五冊，第三八二—三八三頁。

49 《紹英日記》影印本，第五冊，第一三五頁；第二三二頁；第二九一頁；第一二六頁。

內務府津貼：七二○○元（六○○×十二月）

管理處薪俸：三六○○元（六○○×六月，因該薪自七月開始發放）

飯銀：三六二四元（計銀一六○○兩，錢一四○○元）

皇宮賞賜：五八三八元（計銀正月一○○○兩，三月一○○○兩，五月四○○兩，七月二○○兩，八月三○○兩，十月三○○兩，十二月一○○○兩，合計四二○○兩）

出租房屋：二五○元

銀行利息：五七一·四元

其他：七九五元

總計：二二三○八·九二元

該年各項進賬竟有兩萬多元，可謂收入頗豐[50]。紹英又行事慎廉，力求節儉，生活本應優裕從容。但是，隨著民國六年十二月二十五日其兄紹彝病重及去世，紹英日記裡開始出現向銀行借款的記錄：「欠款附記：福子昆代借一千元，義順號，無利息。前欠滙豐支票取約八百兩，又字據借一千元，按年六釐息，隨便歸還。欠竹銘存四百元，欠姨奶奶一百元。」（按：此記附於民國六年陰曆歲末日記後）[51]「欠外賬略記：欠滙豐支票內多取之數，約八百兩之譜，又丁巳年十二月十九日借現洋一千元，又戊午年十二月借現洋一千元，以上二款係鄧君翔經手，有親筆字各一紙，按年六釐行息，隨便歸還。欠輝山三爺代借現洋五百元，每月二分息，無期限。己未十月初七日借朴宅現洋一千元，係世善甫出名，每月利一分二釐，榮七爺作保，有涿縣地契一張作押應先還。欠義順號一千元現洋，係福子昆代借，並無字據利息緩還。暫借宋姐現洋五百元，無利。又借宋姐現洋一百五十元，每月二分利應先還。生辰用，又借一百五十元。五太太轉借桐宅五百元現洋，每月一分利應先還。公中借用竹銘現洋一千元。暫借二少爺現洋一千元。」（按：此記附於民國十年陰曆二月二十九日後）52

為什麼會出現這種情況？原來除了自己一家，紹英還要撫養或幫助其他幾位亡故兄長（紹勳、紹祺、紹誠、紹彝）的家屬，多達數十口，為此他還專設了賬房，聘請侄兒世煜管理。民國十三年舊曆除夕他記云：「本年年節家中年例約用五百元，還賬約二千五百餘元，向鹽業銀行浮借二千元，借姨太太存款一千元。自明年元旦起撤去賬房，每月尚須用月例二百元，公

50 莊士敦引濮蘭德《清室外紀》一書，謂「宮中一名高級官員的年收入，估計在百萬兩以上，當時約合二十萬英鎊」（《紫禁城的黃昏》第一七〇頁），當然是不可信的極度誇張之語。

51 《紹英日記》影印本，第三冊，第五一一頁。

52 《紹英日記》影印本，第四冊，第二四七頁。

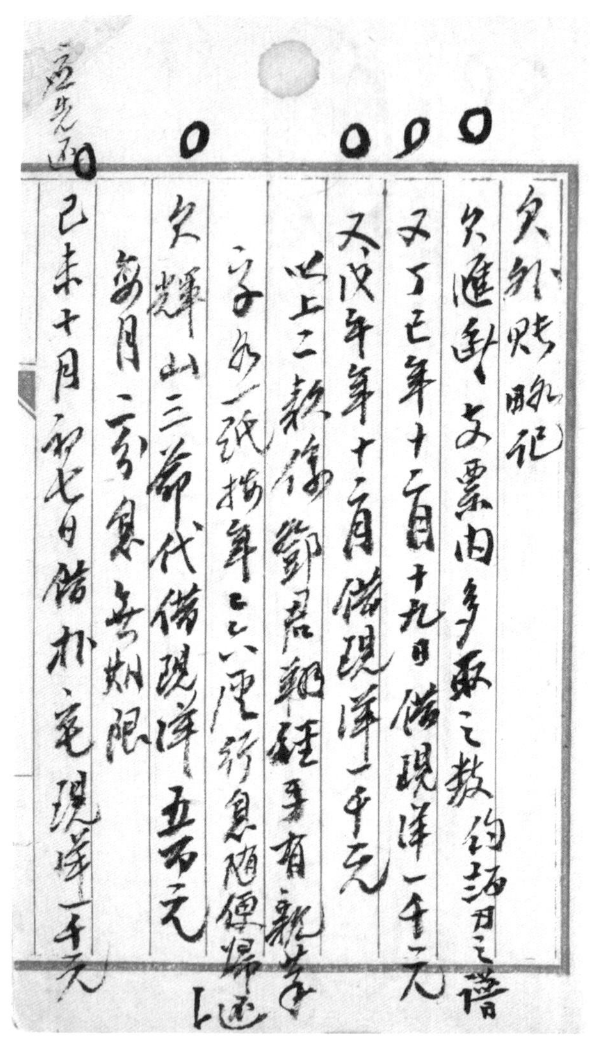

欠外賬略記
欠匯款支票因多取之數約拾萬元之譜
又丁巳年十二月十九日借現洋一千二元
又戊午年十二月借現洋一千元
以上二款係鄧君翰笙手有新華
字第一號摺每年二六厘行息隨便歸還
欠輝山三爺代借現洋五百元
每月二分息無期限
己未十月初七日借朴庵現洋一千元

《紹英日記》欠外賬略記

中月例一百元，伙食一百元，米麵尚不在內，已月需四百元之譜。」53如果將端午節、中秋節的例費也約略等同於年節的話，三節費用共需一五〇〇元左右，加上每年四八〇〇元的月例和伙食費，家累確實不小。

然而，更大的開支還在於他為維持自身社會身分所必需的排場而花的費用，如他雖然每年都能從宮中獲得數千兩銀子的賞賜，但絕大部分都要用來賞給宮中的太監和蘇拉。民國元年，他甫被任命為總管內務府大臣，即交世續千金，「以備見面禮之用」（《紹英日記》元月二十九日），這份見面禮，當然主要用來疏通太監54，民國二年端午節他付出的「太監賞、蘇拉賞約七百兩」（《紹英日記》五月初五日），民國十三年中秋節，收入已經減少的他也付出了「太監、蘇拉賞三百四十元」（《紹英日記》八月十五日）55。平時他凡進宮辦事，或遇賞飯、賞物

53《紹英日記》影印本，第五冊，第四九九—五〇〇頁。

54《紹英日記》影印本，第二冊，第二九四—二九五頁。這種陋習遭遇到外國人莊士敦的抵制：「入宮後的第一次口角發生在我與宦官之間。宮廷中有個慣例，當新的任命者得到賞賜物品時，需要把它們散發給周圍的人。而我對他們這種索取的答覆，使他們感到既驚愕又沮喪。我同意拿出他們所要求的數量，但是他們必須給我正式的收據才行。」（《紫禁城的黃昏》第一三七頁）

55《紹英日記》影印本，第二冊，第四五七頁；第五冊，第四二八頁。

等，都要給具體辦事的太監、蘇拉等不菲的小費，據其日記記載，民國元年四月二十三日，他得賞銀一千兩，遂「送給抬夫八元」；民國二年三月二十四日，「進內，請安，帶匠。榮惠皇貴妃賞飯吃，謝恩，予與景三哥各給太監洋銀十元」。同年九月四、五、六日，他連續進內帶匠，「上賞飯吃，每次送給招呼飯太監十元，三人共卅元」。民國三年四月初十日，他進內帶匠，「敬懿皇貴妃賞飯吃，共賞給廚茶役卅元」[56]……以他的地位和收入，出手絕不能小氣，但動輒八元、十元的賞賜，長期積累，仍是一筆沉重的負擔[57]。馬延霱先生曾回憶紹英當年的情形：「過去，我家老宅邊上有個糧店。一到過節，爺爺為了往宮裡送東西，就向糧店賒賬。對皇帝貴妃的賞賜要有進奉，太監也要打點，一來二去花費不少，尤其是逢年過節。因此每過完節，爺爺都會長嘆一聲：『可算過去了！』一般人以為大官人家生活一定很闊綽，其實也很艱苦。」[58]

如果再加上車馬費、置裝費、醫藥費、保險費、宴請費、捐贈費、入股投資、婚喪嫁娶等花銷，紹英在經濟上難免會有左右支絀之感。但即使負債也要維持基本的體面，不能有違日常禮儀和風俗習慣。因為中國基於長期農耕社會和儒家倫理思想形成的禮儀與風俗，是極端重視人際交往的等級性、長期性和連續性，不如此就無法保持人情社會的基本穩定。一般而言，在上位者必須使自己的恩情時常大於在下位者，才能讓在下位者覺得永遠還不清、還不起，從而心甘情願地維持彼此尊卑關係；即使地位相若，也會出於長期互相幫助的需要或考慮，在人際交往和應酬上投入大量時間成本和經濟成本。特別是逢年過節、婚喪嫁娶，更不惜人力、財力，將平日之積蓄在這些人情節點上揮霍一空，經常造成極大的浪費。這也許就是從遜清皇帝到民國總統，從達官顯宦到平民百姓，大家都好像在負債生活的原因之一吧。

而滿族人在保留自己民族禮儀特點的同時，又相當程度地吸收了漢族的禮儀文化，其規矩和講究之繁較漢族尤過之而無不及，故有「旗人規矩大」「滿族老禮多」之謂。莊士敦回憶說：

56 《紹英日記》影印本，第二冊，第三二五頁；第四三九頁；第五〇九頁；第三冊，第五四頁。

57 按當時的物價水準，三至四元即能夠維持一個人一個月的最基本飲食需要。三等輔國將軍謙華的孫子文濂（時任宗人府筆帖式）一九一七年曾上書陳述不願襲爵的理由：「月進款四十三元，全家大小十四人稍得生活……文濂承襲有名無實之世職例應開去筆帖式，全家大小十三人即日變成餓殍，思之實難瞑目。」收入《承襲清室王公將軍等世職有關文書》（中國第二歷史檔案館藏），轉引自阿部由美子〈中華民國北京政府時期清室、宗室、八旗與民國政府的關係——以《清室優待條件》為中心〉，《清代滿漢關系研究》，第五五三頁。

58 馬延霱〈文武兼備．馬佳氏自始至終輔清朝〉，《法制晚報》二〇〇八年五月十八日。

> 我清楚地記得一次由皇帝的一位師傅舉辦並有幾位內務府大臣參加的宴會。話題轉到了皇宮內最近的一次節日上。節日的花銷非常巨大，甚至必須抵押大量的玉器和瓷器。而對我來說，這似乎只是一次非常簡單的典禮。那麼，巨大開銷的原因是什麼？在回答我的頗帶探究性的和可能不太禮貌的問題時，有人告訴我說，大部分錢都用來賞賜那些懸掛和點燃燈籠的太監們。這種勞務，在我看來，完全可以在北京的街上雇幾個人去幹，總的花費也不過一〇元錢。然後似乎只有花掉幾千元才符合以往的規矩。[59]

遜清皇室的陳規陋習不僅令外國人感到疑惑，也令我們今人瞠目以對。宣統三年，紹英長子世傑娶慶親王奕劻之女八格格為妻，成為皇親國戚，似乎尊榮無比。據世傑之侄馬延玉先生回憶：當時娶親隊伍前面到了北京齊化門新鮮胡同，後面還在東四牌樓，浩浩蕩蕩，規模龐大。馬延玉先生家藏有當時的《喜禮簿》，記錄送喜禮者多達五〇六號（有的一號包含多人），整場婚禮耗資巨大。婚後第三年八格格產後血暈而逝，世傑本想繼娶八格格之妹十二格格，而紹英認為不可。世傑婉言問之：「如兩家繼續聯姻有何不好？」紹英只說了一句話：「太累！下去吧。」[60]從這句簡單而又意味深長的話裡，不難體會出紹英對不堪重負的人情禮儀的厭倦和逃避。

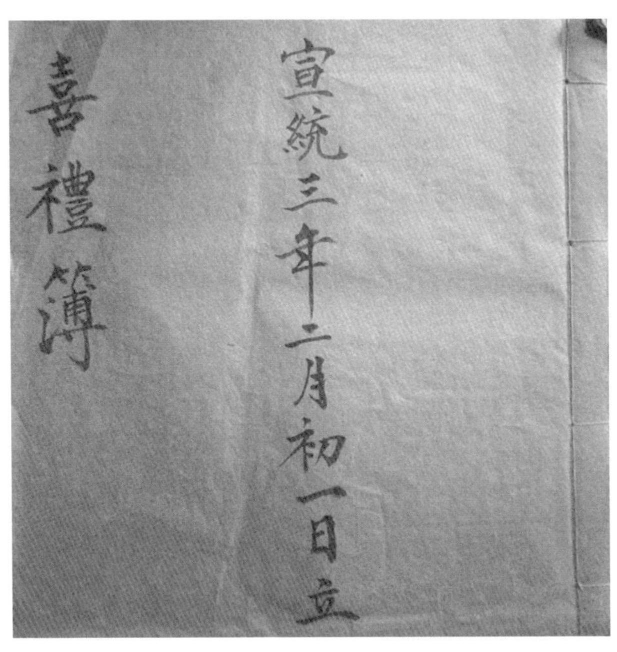

《喜禮簿》（馬延玉先生重抄，原件捐公）

《紹英日記》裡記載的這些經濟活動，背後多反映出特定的社會文化心理。《紹英日記》，可以成為我們理解中國傳統社會運行機制的一把鑰匙。

三　變態百出的人物群像

閱讀《紹英日記》，還能感受到其對人物研究的突出價值。紹英長期身居高位，除其家庭成員外，他所接觸到人物往往是各界名流，因此其日記中包含著非常豐富的人物訊息。紹英對這些人物的言行常有較詳細的記錄，如果結合或對比其他史料，可以大大增進對這些人物的理解；有時即使是一爪半鱗的記錄，也能使人物相關的生命片斷更加清晰。

（一）滿洲權貴

晚清民初的滿族權貴群體，雖不乏日記傳世，但記人記事多較簡略，像《那桐日記》、《榮慶日記》、《醇親王載灃日記》等，難以從中看出人物的面目性情。《紹英日記》則較為細心地記錄了溥儀、奕劻、世續、寶熙、毓朗、載澤、載灃、載振、載濤等大批滿族親貴的言行，可補史闕。

光緒二十七年（一九〇二），慶親王奕劻聘用日人川島浪速為監督，開辦京師警務學堂，但卻不允他直接插手中國警務，而是另外諮調紹英、瑞澄等三人襄辦一切警務事件，且對他們指示：「我調你們三位，幫同辦理警務事宜，公事應以中國成法為主，其日本之警務章程，有可採者，亦應擇善而從。……我已與小村使臣言定，約川島辦學堂事，不約進署辦事。」並鄭重地讓鐵良告知日本人：「現在中國自行辦理警務，不必諸位偏勞矣。」（光緒二十七年七月十二日）[61]歷史上對奕劻評價極低，以為其貪鄙昏庸，幾乎無可取之處，但從《紹英日記》中卻能看出奕劻亦具有精明和識大體之處。但是由於他對袁世凱的支持和主張宣統遜位，他也被前清親貴和遺老們所痛恨，被視為大清亡國的罪臣，死後險些被予以惡謚。《紹英日記》記載云：

皇上在養心殿召見紹英、世中堂、耆大人三人。上云「慶親王將大清國都賣了，對不住列祖列宗，毋庸予謚。」世中堂對云：「內務府應照例奏請應否予謚。」上云：

---

[59]《紫禁城的黃昏》，第二一二頁。

[60]馬延玉〈紹英、奕劻兩家聯姻記〉，《紫禁城》二〇〇三年第三期，第二五—二九頁。

[61]《紹英日記》影印本，第一冊，第七四—七六頁。

「你們可向王爺說明毋庸予謚，如予謚，應用『墨、靈、幽、厲』等字。」世中堂對云：「奴才等即與王爺說明。」遂退出，世中堂擬於明早十點至府回事。是日叔誠回津。（民國六年正月初十日）

早十點至府，隨同世中堂及耆大人見王爺，世中堂說明昨日召見世某等三人，皇上說奕某對不住列祖列宗，不能給他謚法，你等可與醇王爺商量毋庸予謚等語。王爺問應如之何，中堂云既如此說，只得遵照辦理，好在將來總會知道是皇上主意，王爺云只好如此辦理，不過是親王無謚法，面子上稍差耳。遂均退出。拜西城客。晚，劉聚卿來談債票入股事，答以容與世中堂說明可也。（民國六年正月十一日）

不過，最後溥儀還是聽從遺老們稍存體面的意見，給了慶親王「密」的謚號，意思是「追補前過」，這也是清代親王中謚號最差的一個。溥儀《我的前半生》中對這一段也有詳細的回憶。

《我的前半生》還記載了溥儀與端康皇貴妃的一次大的衝突，起因是端康辭退太醫范一梅，溥儀因長期對端康嚴厲管教的不滿，在陳寶琛和太監張謙和的支持下，與端康吵鬧。端康叫來王公大臣哭訴，溥儀隨後也召見他們評理，後來雖然勉強向端康認了錯，但也換來了不再被管束的自由[62]。《紹英日記》對此事也有記載：

進內，至養心殿帶匠。端康皇貴妃召見醇王爺等十人，為革醫士范一梅事與皇上意見不和，哭訴一切，王爺率眾人叩頭，請主位不必生氣等語。上云你們下去罷，遂退出。至毓慶宮，皇上又召見，云我因永和宮近來遇事自專，我本不應給伊請安。洵貝勒對曰，皇上所說固然甚是，但是由來已久，自可照常。上亦無說，即云嗣後摺奏亦應給我看看等語。退出後，即請王爺傳諭奏事處，自明日起將奏摺請皇上先看，一面開具事由單，請王爺批回，再請上閱後傳旨，如有擬諭旨之事，先將諭旨請皇上看後再為用寶，王爺尚以為然，即傳知奏事處照辦也。（民國十年八月二十六日）63

據此不但可印證溥儀的回憶，還可補充溥儀從此爭取來了先看奏摺的權利這一重要史實，從而使少年「天子」獨立自主的意識得到了更為充分的呈現。

（二）鄭孝胥

《紹英日記》不僅展現了滿洲權貴的群像，而且記錄了更多漢族人士的訊息，是研究這

---

62 溥儀《我的前半生》，第三九—四二頁。

63 《紹英日記》影印本，第四冊，第四七三—四七五頁。

些人物的珍貴的資料。以前舉鄭孝胥為例，他任總理內務府大臣的時間是民國十三年元月二十八日（三月三日）至五月二十四日（六月二十五日），與紹英共事機會很多，但此期的《鄭孝胥日記》僅有七天明確提到紹英的名字，且多一帶而過，對於其他內務府官員的名字也較少提及，多以堂官、筆帖式籠統稱之，其交遊圈仍是樊增祥、陳寶琛、林紓、王式通、曹秉章、羅振玉、高鳳謙、傅增湘、王國維、王梅笙、周信芳等漢族名流，某種程度上可以反映出一種其與內務府滿族官員的違和感，或許他內心深處壓根就瞧不上這個群體吧。而此期的《紹英日記》明確提到鄭孝胥的卻多達五一天，一些記述頗能見出鄭、紹二人的不同性情：

> 晚，鄭蘇堪來，談甚暢，此公興致勃勃，可謂勇於任事也。（元月二十八日）
>
> 鄭、金大人到任，略談公事。……王將軍與濤貝勒云，鄭蘇［堪］曾與晤談，大致擬變賣皇產，恐又似裁太監，用外隨侍，並無好處也。又云予已將鑰匙交出，恐有灰心之意，其都護使一差於守衛甚有關係，不可任用漢人也。予云承教，自應在皇室效力，只要上不驅逐，必當效力也。菜尚好，盡歡而散。寶大人云聞上擬裁十分之七，未免太過，貢王有話，如鑾輿衛、御前大臣處若裁減太過，恐有解體之虞也，予云姑聽鄭之方針如何，自應先請王爺核准也。竊思此事應聽總理大臣作主，未便多事，以

招怨尤也，以敬慎為要。（二月初五日）

進內，鄭總理請見，蒙召見，諭以每年歲用不得過五十萬元，能減更好等諭。午後鄭大人至籌備處宣布，並云昨晚晤鄧君翔所談之語。據鄭大人云，擬覓一銀行，將所有房產及陳設等件託其代為整理拍賣，由本府派人監督其事，暫令銀行墊款，俟售出物品歸還，有餘存行生息，如能所入之息可敷應用，便有成效矣。但君翔不敢擔任。此項辦法亦不易有成，且減至五十萬亦非易事，只得隨同籌辦，不可參以己見，致滋咎戾也。……鄧君翔來，談與鄭大人晤談之事，以為所談之事一時恐難就緒，不易辦到也。（二月十五日）

鄭大人與予及耆大人商辦本府中央集權，用少人辦多事之法，擬由堂上分設四科，曰總務、曰文牘、曰會計、曰採辦，當派定每科司員四人。（四月初一日）

鄭大人云，曾懇上允其仍回懋勤殿行走，上云過節再說，暫可照常辦理核減之事。予云俟趙次珊回京，民國查辦之事解決，再為開單籌備運物，至分科派人之事亦宜稍緩。鄭大人意間尚欲急進，只得虛與委蛇，總以暫緩為妥。（四月初八日）

王爺到，鄭大人回王爺改組事，奉諭似可節後再辦。（四月十八日）[64]

溥儀於元月二十八日任命鄭孝胥為總理大臣，二月初一日又命紹英將印鑰交鄭保管，對鄭可謂滿懷希望。鄭孝胥也雄心勃勃，想要對內務府進行一番大刀闊斧的改革。但他上任伊始就受到民國京畿衛戍總司令王懷慶（王將軍）和遜清皇室滿族王公的共同懷疑，王懷慶認為裁撤太監改用外人「並無好處」，而大約接受了鄭孝胥建議的溥儀欲將內務府機構裁撤十分之七，也遭到寶熙、貢王等人的質疑。後來鄭孝胥雖然與紹英、耆齡於四月初一日達成了一致意見，擬將龐大的內務府機構裁併為總務、文牘、會計、採辦四科，但他馬上就要發表執行，顯然與載灃、紹英等人的緩圖之策相抵牾，因此被一再拖延推遲[65]。

至於財務改革，按照鄭孝胥的設想，欲分三期：「第一期，籌款。一面裁減，一面變價。第二期，存款。豫算既定，悉付現款。第三期，餘款。出少入多，用息存本。若辦理順手，一年之內可由第一期入第二期，使存款日見充裕，則入第三期亦不難矣。」[66]於是他欲覓一家銀行，將遜清所有房產及陳設等件託其代為整理拍賣，令銀行先行墊款，將來除還款外，以餘款之利息作為皇室日常費用。此舉甚有氣魄，奈何滙豐銀行的鄧君翔認為其不易辦到，不願承擔。於是鄭孝胥又向大陸、實業兩家銀行借款，「使員外郎恩泰向滙豐還借款，收回抵押諸器」[67]，以便再與其他銀行接洽。但事實證明鄧君翔的看法是正確的，抵押皇產之事很快受到民國方面的干涉，甚至鄭孝胥欲將文淵閣《四庫全書》運至上海出版以籌得現款一事也被迫中止。「民國的內務部突然頒布了針對清宮販賣古物出口而定的『古籍、古物及古蹟保存法草案』。不久，鄭孝胥的開源之策——想把《四庫全書》運到上海商務印書館出版，遭到當局的阻止，把書全部扣下了。」[68]諸事受到掣肘和阻礙的鄭孝胥至該年四月就不得不再三求退，並於五月告病假陳請開缺，延至五月二十四日（六月二十五日），溥儀只好俞允了他的辭職[69]。

[64]《紹英日記》影印本，第五冊，第三一五—三一六頁；第三一八—三一九頁；第三二二—三二三頁；第三四六頁；第三五三頁；第三六〇頁。

[65]鄭孝胥將內務府裁為四科的計劃，直至其卸任後的七月十七日方由溥儀完成，見秦國經《遜清皇室軼事》第一六八頁。

[66]勞祖德整理《鄭孝胥日記》（民國十三年二月初一日），第一九八八頁。

[67]勞祖德整理《鄭孝胥日記》（民國十三年三月初二日），第一九九二頁。

[68]溥儀《我的前半生》，第一一一頁。

[69]該年《鄭孝胥日記》載：「上召見，諭云：『洵、濤言，程克密呈曹錕，請查皇室財產……且言：惟罷鄭孝胥而使趙爾巽為內務府大臣，庶可少安。』孝胥乞退，上不許，曰：『寧為玉碎，

鄭孝胥像

而紹英即使對鄭孝胥的做法有意見，也總是「竊思此事應聽總理大臣作主，未便多事，以招怨尤也，以敬慎為要」「只得隨同籌辦，不可參以己見，致滋咎戾也」，最多是「虛與委蛇」，或是點到為止，並不公開激烈地反對。該年三月三十日《紹英日記》云：「此後如何辦法，應聽新總理主持，我輩自應幫同辦理，惟於大局有窒礙之處，亦不能不略為陳述，以免後患，是為至要。……自應以勤慎鎮靜為要，不可任意妄動，紛更自擾，必須立定腳跟，謹言慎行，以期有濟也。」[70]紹英的恪守本分、敬慎立身的性格與鄭孝胥「勇於任事」「急進」求成的性格形成了鮮明對比。

不為瓦全。』」（四月初二日）「召見，陳不能整頓之狀，求去，上不許。」（四月初七日）「奏請病假十日。」（五月初六日）「假滿，奏請續假十日。」（五月十七日）「奏請開缺，即日奉上諭：鄭孝胥奏，舊疾復作，難勝繁劇，懇恩准予開缺一摺。該大臣學識優裕，倚任方深，茲據奏稱舊疾復發，應早醫治，自係實在情形。著開去總理內務府大臣之缺，仍在懋勤殿行走。」（五月二十四日）有意思的是，五月初八日其日記載：「與小七同至首善醫院，方石三為余診視，遍察心、肺、腸、胃，又驗便溺，告云：『無病。唯數日可適野一游以散抑鬱耳。』」分見《鄭孝胥日記》第一九九七頁；第一九九八頁；第二〇〇二頁；第二〇〇四頁；第二〇〇五頁；第二〇〇三頁。

[70]《紹英日記》影印本，第五冊，第三四四—三四五頁。

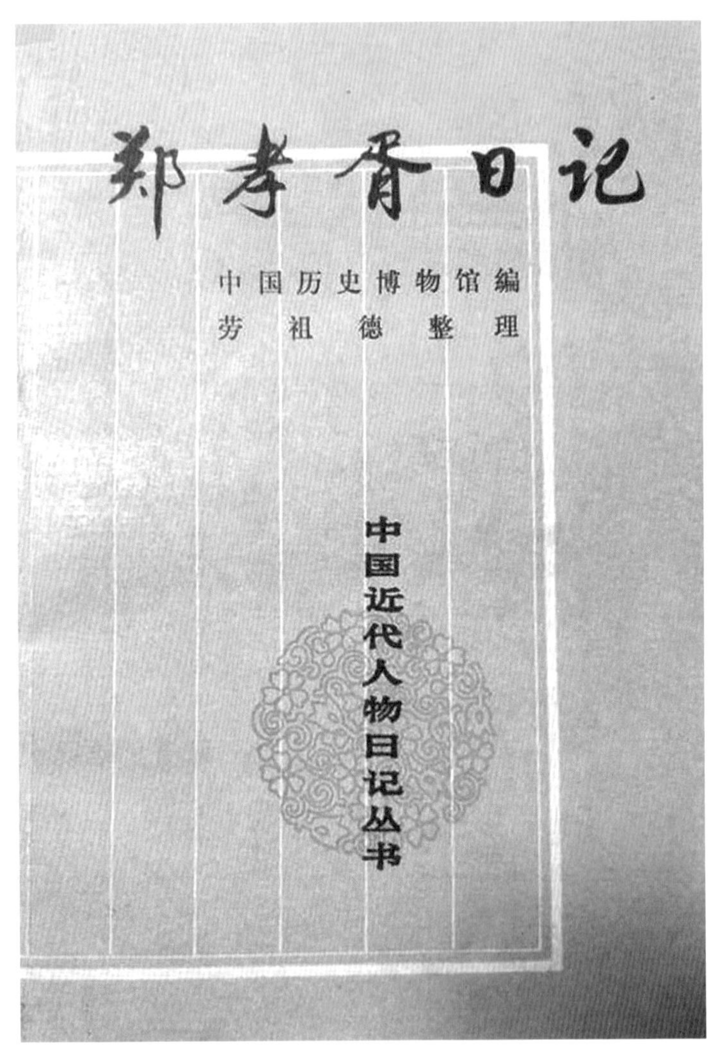

《鄭孝胥日記》

（三）徐世昌

另一個典型的例子是徐世昌，儘管關於他的研究論著已有不少，像警民《徐世昌》，沈雲龍《徐世昌評傳》，郭劍林、郭暉的《翰林總統徐世昌》等都頗具分量；但隨著近二〇〇萬字的《徐世昌日記》的整理出版及對其的利用，又出現了一些新的值得注意的研究成果[71]。不過，由於《徐世昌日記》記述尚簡，有時越是大事記錄越少甚或不做記錄，因此必須結合其他史料才能更好地理解其人。與《鄭孝胥日記》相似，《徐世昌日記》裡也很少提到紹英，而《紹英日記》中徐世昌出現的次數卻超過百次，而且由於遜清皇室和紹英都對徐寄予厚望，凡涉及徐處，紹英往往記載得較為詳細。茲舉數事，並比勘《徐世昌日記》對同一事情的記

[71] 《徐世昌日記》計二十四冊，其中前二十冊為影印，後四冊為點校整理，由北京人民出版社二〇一三年出版。對《徐世昌日記》的研究，主要有徐定茂《讀辛亥前後的《徐世昌日記》》，北京出版社二〇一一年版；北京出版社編《徐世昌與《韜養齋日記》（戊戌篇）》，北京出版社二〇一四年版；北京出版社編《徐世昌與《韜養齋日記》（辛亥篇）》，北京出版社二〇一四年版；林輝鋒〈從《韜養齋日記》看徐世昌與遜清皇室〉，《中山大學學報》二〇一五年第一期等。

載，以表格見之[72]：

日期	紹英日記	徐世昌日記
民國五年十二月二十二日	早，至慶府拜壽。午後至那宅豫備請客事，徐中堂、世中堂到，所請議員到者一百七十餘人。徐中堂宣言請將優待條件加入憲法，以為保障，永遠有效等語；湯議長化龍答詞，大意可用制定憲法手續規定優待條件，永遠有效，我輩可擔任云云，座中全體鼓掌。徐中堂遂舉杯稱謝，此會尚為歡暢，可望達到目的，誠可慶幸。余報告年節撥給經費及商辦借款事，徐中堂云我曾給段總理信，屬其多撥經費，如有不敷，再由內務府向銀行商借，今已辦有頭緒，甚好，略談即散。	申刻後到金魚胡同會同世博兄公宴議員二百餘員，為要求皇室優待條件加入憲法。
民國六年五月二十日	早，張少軒差人來云：大帥今日不上門，求世中堂代為回明王爺。世中堂接徐中堂回電云，時局至此，惟有保護聖躬為最要，且當典學之時，未便再為召見，必當設法維持等語。	聞張勳兵潰敗，已釋戈不戰，張勳諸人已數日不進內。張勳、康有為諸人願取消復辟，為自保計，如此兒戲，魯莽滅裂，置國家、幼主於不顧，殊堪憤恨。

日期	紹英日記	徐世昌日記
民國六年五月二十一日	中堂給徐中堂寫信一封，令鍾捷南赴津，請徐相來京調停。	
民國六年五月二十二日	鍾捷南由天津回，述說徐中堂所云：一俟段總理到始來，一嚴察禁門，一由世相函致內務部，一毋庸著急，一張少軒及軍隊現狀，一張、雷被捕。	連日為維持皇室，保存優待條件並維持京師地面，調護張勳，甚為憂勞。體中困病，夜不能寐。

72 表格中所引紹英日記分別見於《紹英日記》影印本，第三冊，第三四八—三四九頁；第四一七頁；第四二一頁；第四二三—四二四頁；第四冊，第四三三頁；第四三四—四三五頁；第四八〇頁；第五冊，第一六三頁；第三八五—三八六頁；第四九八頁。所引徐世昌日記分別見於《徐世昌日記》，第二二冊，第一〇九五八頁；第一〇九七三—一〇九七四頁；第一〇九七四頁；第二三冊，第一一一二三頁。

日期	紹英日記	徐世昌日記
民國十年五月十四日	三位主位召見，為大婚之事，令王爺及紹英見徐總統再為求親，並令告明世中堂。	
民國十年五月十五日	未刻至醇邸，隨同王爺同車至公府，見大總統，為大婚議親事，大總統婉言辭謝，並云如作親，於維持皇室反有窒礙，是以不敢遵辦，諸希原諒。王爺云，大總統所論甚有道理，將來一切仰仗維持，如辦大婚時尚求幫忙云云。遂辭出，大總統送上車，予即至世中堂處一談。	醇親王來談。
民國十年九月初二日	午後會同耆大人至府見王茂萱將軍，據云奉大總統諭，屬伊轉達奉慰大皇帝節抑哀傷，保衛聖躬為要，並派地方長官在府常川照料，屬代為口奏。	

日期	紹英日記	徐世昌日記
民國十一年九月十七日	鍾捷南來談徐總統進奉兩萬元[73]，傳語此次有遺老進奉，不可賞給官銜、頂戴之類，以免又有間言，諸多不便也。徐云外面如有人欺侮，我必設法保衛，裡邊必須一切謹慎，自立於不敗之地也，大婚禮應力求節減，仍須向財政部索款，不可自為放棄也，所論均有道理，自應遵辦也。	
民國十三年六月初五日	出班，耆大人到，談及魁世兄所述，徐東海屬告知我輩不可萌退志，要盡心忍辱，以維大局，如有用其幫忙之處必當盡力也。	
民國十三年十二月二十八日	徐總統委倪君進呈二千元，點心一色。	

[73]《徐世昌日記》民國十一年十一月二十九日曾補記此事：「大婚時曾進奉黃絨大地毯一件、織金西式椅床一堂、細瓷器二十件、如意一件、銀二萬元。」但亦是在記錄溥儀大婚禮成所得賞賜的物品時順帶及之。見《徐世昌日記》第二三冊，第一一一八二頁。

上述不難看出，徐世昌雖然做過民國大總統，但其對遜清皇室是一心維護、始終未能忘情的，常常做了也不張揚，更不記入日記。特別是民國十年五月十五日，醇親王代表遜清皇室欲求娶徐氏女兒為溥儀之皇后時，徐氏卻從維護皇室大局出發予以婉拒，這與當年袁世凱主動要與遜清皇室攀親截然不同。而且，徐氏在自己日記裡關於此事僅書「醇親王來談」五個字，以為尊者諱，絲毫沒有炫耀的念頭。《我的前半生》的「灰皮本」與「全本」嘲弄徐世昌想把自己女兒嫁給溥儀做皇后[74]，真是顛倒黑白。

與他維護清室常自隱晦相反，每當清室有所賞賜，徐世昌在日記裡則必詳錄名目，以示不忘恩寵。如「今日蒙頒給瓷瓶二件、瓷盤二件、尺頭八件」（民國十年十二月二十三日），「今日蒙恩頒御筆福壽字一幅、御筆楹聯一副文曰：清詩草聖俱入妙，老鶴高松不計年、三鑲玉如意一柄、衣料八件，已託內務府大臣代謝恩矣」（民國十二年九月十一日）等[75]，不勝枚舉。總之，雖然做了民國的官，但他的思想、趣味與性情，仍然屬於傳統的士大夫階層。賀葆真民國五年（一九一六）十一月二十一日拜訪徐世昌時，二人曾有一段對話：

> 謁徐相，徐相以馬道伯新著《毛詩學》見贈。論《大清畿輔先哲傳》體例，余謂

大清字似可酌易，一則古人書名於朝代上未見加以「皇」「大」等字者，唐宋以來始有之，此等字於頌聖文有之；一則代既更易，若仍於朝代上加大字，何以別著書之時代乎？稿內有「入國朝」云云。余又言於相國請更易。相國曰：「大清畿輔」云云，若謂其有不古雅處則可，然無所謂不可用，此乃私家之著述，固無不可，且此編本以備清史館之採用，彼當改以合於彼書之體例，非令其錄原書也。且今日非前代朝代之改革，乃皇上以統治權歸之民也，有民國政府而皇上固在也。今名《畿輔先哲傳》亦可，於凡例中敘明自某時至某時，若疑不用朝代為無界限，則安知吾日後不補編明以前之先哲乎。[76]

---

[74] 《我的前半生》（灰皮本）：「就連退了任的中華民國大總統徐世昌先生也不能例外，他們都是衷心願意使他們的女兒，也能嘗一嘗當皇后的滋味。」（群眾出版社二〇一一年版，第九五頁）《我的前半生》（全本）：「王公們去找徐世昌，這位一度想當國丈的大總統，表示了同意。」（群眾出版社二〇〇七年版，第九五頁）

[75] 《徐世昌日記》第二三冊，第一一一四五頁；第一一二一一—一一二一二頁。

[76] 徐雁平整理《賀葆真日記》，鳳凰出版社二〇一四年版，第三七七頁。

「今日非前代朝代之改革，乃皇上以統治權歸之民也，有民國政府而皇上固在也」，可見在徐世昌看來，民國與皇室是一體兩面，可以並行不悖的。而其於「私家之著述」的《畿輔先哲傳》前冠以「大清」二字，已足見其私心所向更近清室。因此瞥民（費行簡）評價他說：「徐氏已兩度為袁政府之國卿，若梁鼎芬輩所持忠臣不事二主之議論，實非所樂聞也。然以其篤於故舊的思想，清室深恩，亦不能淡然忘之。蓋其當光緒甲辰間，以編修四年擢至尚書，且為軍機大臣，為有清二百六十年中第一人，至讓位之際，隆裕又數對其啼泣，乞看顧讓帝，以此之故，故其報清之念甚堅。與其謂為君臣的觀念，毋寧謂為報施的觀念較為確切也。然其愛護清室之熱度無論沸至何點，而一聞復辟兩字，其沸度即可立時停頓。」[77]毋寧說，這裡有兩個徐世昌，一個是理性的徐世昌，知道民國大勢不可違，因而贊成維持國家共和政體；一個是感性的徐世昌，深受傳統君臣倫理觀念的濡染，時時想要報答故主的恩情。這在張勳復辟時，徐世昌拍發的兩封電報表現得很清楚：七月二日，徐世昌復電世續時說：「昌素以維持國家，尊崇皇室為主旨。」[78]七月十日復電張勳時再次強調：「為國家計，惟有迅復共和；為皇室計，惟有維持優待條件。」[79]

正是欲兼顧公義私恩，才會出現他就任民國大總統時還擬具摺請旨是否准其擔任的奇怪現象，而遜清皇室亦予積極響應：「昨日世中堂為面奏請旨，皇上准其就總統之職並令速就任。四位主位亦云：均甚盼其得總統，可以維持皇室。」[80]這看似荒謬的一幕，其實正是徐世昌複雜人性的生動呈現[81]。

其他如曹汝霖、陳寶琛、段祺瑞、胡嗣瑗、金梁、黎元洪、梁鼎芬、梁啟超、梁士詒、陸寶忠、陸榮廷、陸潤庠、鹿傳霖、羅振玉、馬其昶、那桐、耆齡、錢能訓、榮源、瑞澄、沈曾植、盛宣懷、孫寶琦、唐景崇、唐紹儀、唐文治、王國維、吳闓生、吳汝綸、熊希齡、許寶蘅、顏惠慶、伊克坦、張百熙、張之洞、趙秉鈞、趙爾巽、周自齊、朱啟鈐、朱益藩……在《紹英日記》裡也紛紛亮相登場。粗略統計，現存《紹英日記》中記載的知名人士竟有數

---

[77] 警民《徐世昌》，文海出版社一九六七年版，第七五—七六頁。

[78] 沈雲龍《徐世昌評傳》上冊，中國大百科全書出版社二〇一三年版，第三七二頁。

[79] 沈雲龍《徐世昌評傳》上冊，第三七四—三七五頁。

[80] 《徐世昌日記》（民國七年八月十三日），第二二冊，第一一〇一五頁。

[81] 當然對徐世昌有不同評價，如有人認為他是八面玲瓏的投機派：「徐世昌可謂今世界之不倒翁矣，帝制亦需此公，民治亦需此公，復辟亦需此公，討逆亦需此公，民國亦需此公，清室亦需此公，此真藥裡甘草。」（一九一七年七月十七日《時報》，轉引自賈熟村《對徐世昌家族的考察》，載《徐世昌與《韜養齋日記》（戊戌篇）》第一〇八頁）本文僅為個人一得之見。

百人之多，可謂研治清末民初人物史的寶庫。

四　且向淨土寄此心

在馬延玉老人北京市東城區北竹竿胡同的寓所裡，還藏有幾冊紹英的手稿。一冊封面題「梯雲寶筏」，旁書「紹英讀本」四字，係紹英早年抄錄的制藝範文，上有其嗣父寶珣的批語；可見早年的紹英還是想走科舉之途的，可能因為此途太難，最終放棄。

一冊封面題「志學口訣錄」，扉頁紹英朱筆跋云：「志學即志仁之謂，性分之外無學也。昔聖昔賢口訣，隨憶隨錄，或有心得，亦隨錄之，將以為修己之方、安人之道也。願與有志斯道者共勉之。英謹識。」正文首頁首行書：「志學口訣錄，辛酉年立秋日記。」可見是其民國十年（一九二一）所書。內容如其跋所云，皆錄前賢修身立仁之說，之後或天頭批以己之感想。

一冊封面題簽「講習錄」三字，下書「丁巳孟冬，越千題」，雖是民國六年（一九一七）所題，但內容多是光緒二十年（一八九四）左右，田庚（號少白）、馬昌綮（號月樵）、孫傳奭（號少鼎）、周爾潤（號澤民）等人與紹英研討性理的通信，吳闓生《馬佳君傳》曾讚美紹英：「君獨折節向學，服膺宋五子之教，暗修存養，研窮性理不懈。初師事王少谷，與桐城方劍華、阮仲勉、馬月樵諸名流，結社講肄，月再三會，聲聞藹如也。」可知「講習」之本意。但值得注意的是，從《講習錄》中所載馬昌綮等人的來信看，紹英他們這個結社有著較濃厚的援釋入儒的思想，如《講習錄》開篇即是紹英所作的四句箴：

一學以識性為先，欲識性體，先須徹底澄清，將一切私欲知識盡皆放下，庶欲盡理還，見性自徹。

一見性又當從有所感動，一念之不昧處追入，一絲即具全體，即以此不昧者念念不忘，勿使或昧。

一真妄之辨，宜明真本固有，根於天命，純是先天，妄實本無，根於軀殼，皆是後起。蓋從天命發出來者皆真，從軀殼發出來者皆妄，惟真性作主，而妄自息，以性中但有真無妄也。倘妄不能無，仍由真未能複，必從認真複初處入手。

一當於妄念不起時作涵養工夫，斯妄起即覺，一覺已複本體，所謂性覺也。否則妄起雖亦能覺，恐不能即複本體，仍屬識覺幫助補也。呂子謂「省察得出，依舊涵養，省察在既發之後，克治在涵養之中」云云，相證益明。

「性覺」「真妄」等等，實為釋家慣用手段。因此《講習錄》中又錄有不少紹英晚年與佛教僧眾、居士的交往以及對佛法的感悟。如：

達法大師與慶然和尚同學，年高有道，戊午年初會於廣濟寺，再見於鷲峰寺，談次甚為契合，贈予偈言四句云：

火裡蓮花朵朵開，真空不昧見如來。了達本來無一物，如如不動坐蓮臺。

又說偈數章，列後：

走一山，又一山，山山裡頭斷火煙。山前煙火要斷淨，文殊住在清涼山。金毛獅子放毫光，大千世界一眼觀。識得祖師西來意。大地山河統歸真。

大道原來本無心，不動不變是真金。金剛三昧常不昧，究竟無為見天真。

若能妄念賞清淨，坐來死去本無生。平等法界無人我，不動不變是真宗。

行依坐臥，不離這個。若離這個，當面錯過。迴光返照，妄人無我。一念無生，本來是佛。

百年不過暫時間，莫把光陰當等閒。生死無常無人替，一失人身萬劫難。世界盡是名利客，不知究竟到彼岸。富貴名利一場夢，回頭念佛苦修煉。識得自己本來面，不動端坐紫金蓮。不生不滅壽無量，涅槃逍遙極樂天。

戊午七月下旬越千識。

其《志學口訣錄》同樣如此，常常引釋以證儒，如該書首頁即錄明鹿善繼語：「鹿忠節公講苟志於仁章云：只提起本來天性照一照，便泠然自理，狂興索然了。故惡非自起，乃從本性不現而有之。一性當權，萬妄瓦解。」後即引佛經參照：「《多心經》云：『照見五蘊皆空。』《楞嚴經》云：『若實精真，不容習妄。』可與此參看。」天頭又批云：「志仁：天性能照，誠則明矣；本性固有，妄本來無。本性精真，不容習妄。妄屬習，習相遠也。」

這一方面反映出紹英對儒家學說的服膺，一方面又反映出其深厚的佛學思想和興趣。《紹英日記》中，其親佛禮佛的記載更是頻現筆端：

值日。購得藏經內零種七十捌本，共作十函，皆佛祖法寶，應敬謹收藏，以備參閱。語云「此身不向今生度，更向何時度此身。」又云：「云何得長壽，金剛不壞身。」是知神壽無量，要在自修自度耳，應勉力修證，複其本來面目，庶不虛度此生也。（宣統二年十月十八日）

是日大雪，佛堂、祠堂行禮後未出門。（宣統三年元旦）

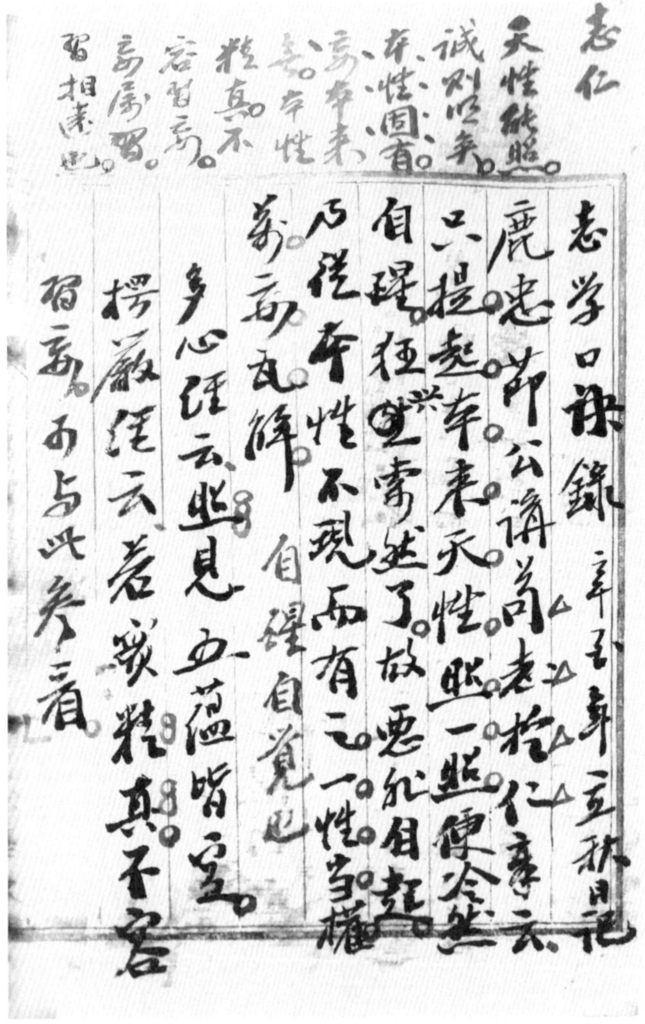

《志學口訣錄》

回家，佛堂、祠堂行禮。（民國二年元旦）

送佛教會聯語一付：「經云無我，語云毋我，我見除則諸見盡化；佛號能仁，子曰歸仁，仁道立而世道大同。」（民國二年四月初八日）

晚，鄧先生來談佛法。（民國二年十二月十八日）

至圓通觀拜龍寶卿，名佐才，晤談許久，並給余看相，云明年恐有災難，宜信佛修養，以化解之。（民國五年十二月二十日）[82]

特別是民國六年臘月，其四兄紹彝病逝，對紹英是一重大打擊，加深了他對佛教的信仰：

丑刻聞四哥氣微，予即趨視。四哥云：「我欲行矣，惟慈親在堂，未能盡孝，是為憾事，望越千盡心侍奉，家中之事，望多為分心照料一切，汝善為修行，將來尚可西方相見。」余云：「侍親理家，是應盡責任，願將來西方相見，即請念佛往生為要。」四哥即合掌念佛，直至氣微始止，氣息奄奄，至卯刻氣絕。嗚乎痛哉，五十餘年手足，

[82] 《紹英日記》影印本，第二冊，第一六二頁；第一七八頁；第三九五頁；第四四七頁；第三冊，第一二七頁；第三四六頁。

一旦死別，傷如之何。（民國六年十二月二十五日）[83]

從「念佛往生」「西方相見」等語可知，紹英兄弟信仰的都是淨土宗；之後，他誦閱佛經之舉日益增多，漸成常態，以民國七年為例：

是日圈《楞嚴》第六卷，敬閱「觀世音菩薩得道耳根圓通，彼佛教我從聞思修入三摩地」一段……夫人空法空而又空空，凡屬生滅者皆已滅盡，則不生不滅，寂滅之性，乃得現前，故返聞法門，自度度人，誠為此經之綱領也。（四月十七日）

夜間夢一位活佛法身約三尺許，予拜謁，面承指示畢，見一觀世音神牌，夢中有惟願實證觀世音名號之意，醒時自作偈言曰：「佛身非大小，面命幸傳心。口授無為法，荷擔觀世音。」蓋近日供佛觀經，頗解義趣，蒙佛啟迪，應從《楞嚴》第五卷「觀世音菩薩得道耳根圓通」證入為要。（五月十五日）

敬誦《楞嚴咒》一通，念佛五珠。（六月二十六日）

拜鄧先生，同至臥佛寺見達法大師談許久，大師說偈言數章，另記之。請阿彌陀佛坐像一尊，請經數卷。見張克臣居士。回家看《證道歌》。（七月二十六日）

早間令三爺請來阿彌陀佛像一尊，供奉於南書房。（七月二十七日）

讀誦《金剛經》、《楞嚴咒》，念佛。（十月初一日）

是日為彌陀佛聖誕，供平果，焚香行禮，敬誦《彌陀經》、《往生咒》，看《寶王三昧》數頁。擬每年此日持齋一日。一時信心清淨，願念佛生西而得戒行，向四義須留意為要。（十一月十七日）

晚誦《金［剛］經》一卷，念佛十念。（十二月十五日）84

不僅對《金剛經》、《楞嚴經》經常念誦、深有會心，而且還經常與高僧、居士談論佛法，並請佛像、佛經於家，甚至夢中見到活佛法身、觀世音神牌等。七月二十六日所記臥佛寺達法大師所示偈言數章，已見前述《講習錄》中。

民國七年以後，紹英的禮佛誦經之舉亦未中斷，或捐款：「至拈花寺，為念佛堂捐款事。」（民國八年七月二十六日）或誦佛：「早拜佛，讀誦《金剛經》一卷，念佛三數珠。」（民國九年八

83 《紹英日記》影印本，第三冊，第五〇九頁。

84 《紹英日記》影印本，第三冊，第五六一頁；第五七四頁；第五八九頁；第五九七—五九八頁；第五九八頁；第四冊，第一〇頁；第二四頁；第三四頁。

五十餘年手足，一旦死別，傷如之何（《紹英日記》民國六年十二月二十五日）

月初一日）或請經：「至臥佛寺請經《起信論疏會閱》一部。」（民國九年九月十六日）信受奉行，一如其自言：「《楞嚴經》云『理則頓悟，乘悟並銷』，亦此旨也。然信解修證，理應並進，上智頓悟頓修，其次頓悟漸修，要以實信實修為本也。」（民國九年九月十二日）85

民國九年十二月十四日，紹英之母曹太夫人棄世，紹英為之入殮時，感覺「慈親面目如生，並現金黃色光彩，其為念佛生西或升天堂之徵驗歟」。又「向南阿彌陀佛像前焚香行禮」（民國十年元旦），「請旃檀佛照像一尊，敬謹供奉」（民國十年二月二十六日）86。不僅紹英兄弟，而且其母曹氏亦信奉淨土宗。從此紹英誦佛愈勤，以至再次夢見了與佛教相關的物事：

夜，夢見黑夜之際，月到天心，忽於月中降下玉石方墩一件，約一尺許，落於上房院中。細看石上刻有八吉祥花紋，雲、螺、傘、蓋、花、罐、魚、長之類。院中又有大魚缸一座，水中有聲，似有魚躍，恍惚之間已醒，心中甚覺清涼。因思月到天心，乃陶詩清景，八吉祥紋乃佛足所現，月明魚躍，可見造化昭著之機。清淨無為，尤為我佛修行之本，其天誘厥衷耶，其佛示之教耶。復見天心，夙佩知幾之學，色相具足，

85 《紹英日記》影印本，第四冊，第一〇七頁；第二九七頁；第三一九頁；第三一八頁。

86 《紹英日記》影印本，第四冊，第三五一頁；第三六一頁；第三八五頁。

深仰見性之文。是宜荷擔菩提，顧視帝則，藉以上報四恩，下持一念，庶克下學上達，希賢希聖也，可不勉哉。（民國十年十一月初六日）[87]

正是基於這種越來越深、越來越執著的淨土信仰，當遜清皇室遭遇外憂內患、屢現財政困難之時，紹英才會自然而然地聯想到「現在當官之困難實與地獄相近」，也才會「夜夢似有自求解脫地獄之意」（民國十一年七月二十六日）[88]。

也許，紹英現實中無法獲得安寧的心靈，唯有往信仰的淨土世界裡去安頓吧。

五　餘論

值得注意的是，由於遭逢易代之亂，紹英日記中出現的有名人物多有矛盾和複雜的一面。特別是那些民國高官，大多在前清亦任要職，袁世凱和徐世昌任職尤其顯赫，從道德合法性角度而言，如何面對和迴避「貳臣」的問題，是他們不得不考慮的小煩惱，這也使他們對待遜清的態度非常曖昧；而那些以高才遺老自居的人物，如陳寶琛、鄭孝胥等人，由於權柄易手，時勢變化，則有英雄末路、捉襟見肘、抱負無從施展的大苦惱；至於像紹英，屬於那種既不自命不凡，又小心謹慎的循默型官員，溥儀《我的前半生》中，就稱紹英為「恭順」「出名的膽小怕事的人」。膽小怕事，則煩惱更多。紹英去世後，廉泉曾作挽詩八首，其六云：

雨聲才過又佛聲，萬里長天孤月明。莫把野狐涎唾我，自甘極苦尚多情。

詩後並注：「公好學，有文行，居官不改寒素。因京報偶錄稚暉先生論說，指為豪富，心頗不安，自余介紹與稚暉先生相見後，彼此身心了然，且甚崇敬稚暉先生。前月稚暉先生聞公病，約余同過存，公已不能見客矣。」[89]此事《紹英日記》中亦有記載：

散後至開成素館早餐，遇廉南湖先生及方方先生，予請二位便飯，談及吳君敬恆作文登報之事，謂予侵款數百萬，毫無事實，求廉先生為之辯護。廉云即請寫信一函致廉先生，簡明為自己更正，交廉登報可也。容再斟酌辦理。（民國十四年二月初一日）

廉南湖約午餐，座中有吳稚暉，見面略談，彼云前者登報所云實系誤會，對不住

---

[87]《紹英日記》影印本，第五冊，第五三—五五頁。

[88]《紹英日記》影印本，第五冊，第一二七頁。

[89]《紹英日記》影印本，第六冊，第六三八頁。

等語，予云自幼讀書，尚知廉潔自持，實不敢妄為，彼尚聽信，亦幸事也。（民國十四年三月十七日）[90]

廉泉詩注說得不夠詳實，紹英並非為被指為「豪富」而不安，而是為本來「廉潔自持」卻被指為「侵款數百萬」而不安，因此必須辯誣。諸如此類的煩惱在《紹英日記》中比比皆是，可謂家常便飯。一部《紹英日記》，也可看作紹英的生活煩惱史。

如果說由後世史官撰寫的歷史，可以表現出一種理性宏大、居高臨下的「後見之明」；那麼由時人撰寫的日記，則雖視角受限、日常瑣碎，但卻感性生動、切身關心，恰好能夠在細節上彌合宏大敘事帶來的縫隙，使骨骼嶙峋的歷史某種程度上變得情意流轉、血肉豐滿。桑兵先生就認為：「從親歷者各自的耳聞目睹體驗來探尋歷史的發生演化，至少有如下相互牽連的幾點作用：其一，協調大歷史與個人視角的歧異。……其二，校正後設架構與循序演進的視差。……其三，平衡類像與單體的異同。……其四，兼顧敘事與說理的功能。」[91]以上筆者大致從政治史、經濟史和人物史、宗教信仰幾個層面，試圖介紹《紹英日記》如何通過個人的視角和感受，展現清末民初複雜的歷史圖景和人物群像，展現生活的細節和幽微之處，即是基於這種考慮。

❾⓿《紹英日記》影印本，第五冊，第五二八頁；第五六五頁。

❾❶詳參其《走進共和：日記所見政權更替時期親歷者的心路歷程（一九一一—一九一二）》之〈緒言〉，北京師範大學出版社二〇一六年版。

◎天有二日？——禪讓時期的大清朝政

卜鍵／著

本書以清宮檔案為基礎，致力於如實勾畫當時的歷史場景，真切再現那些重要人物，其中有弘曆、顒琰父子，有德不配位、終罹大禍的和珅，也有阿桂、王杰、劉墉等忠直大臣。國家發生了嚴重的內亂，經濟上出現了前所未有的危機，官場腐敗，將星隕亡，士氣低落，國勢和國運都在加速走向衰微。通過檢閱史籍和檔案，我們能見出弘曆父子對世界大勢的隔閡，能見出他們為朝政的嘔心瀝血，也能見出他在八十九歲時，對死神的到來仍未做好準備。就在病逝的當日，弘曆寫下最後一首詩〈望捷〉，希望早日平息動亂，讀來亦令人感動。

◎以史為鑑——漫談明清史事

陳捷先／著

明朝是亡於滿人、流民，還是自己敗家、不爭氣？明末宮廷有多黑暗？大肆搜刮民財的嘉靖、二十年不上朝的萬曆、放任太監擅權的天啟、小氣又自負的崇禎，有這些皇帝，明朝焉能不亡？

西方列強來臨時，清帝國從挨打中學到了些什麼？列強擊垮了天朝格局，但清帝國努力向列強看齊，習得爭取平等外交、建立新式海陸軍、發展工業，誰說巨龍總是沉睡不起？

明清帝國已逝百餘年，但類似的歷史場景仍不斷重現。作者透過犀利的筆鋒，讓歷史不只是故事，而是發人深省的人生教材。

◎歷史的線索——錦衣王朝

易強／著

提到明朝的「錦衣衛」，您的腦海裡會浮現哪些畫面呢？想到的會是明代殺人不眨眼的特務機構？還是他們身上所穿顏色鮮豔的「飛魚服」、「麒麟服」，佩帶的「繡春刀」？甚至是幾年前港星甄子丹所主演的古裝武打電影呢？錦衣衛到底是個怎樣的機構？它在歷史舞臺上到底扮演了怎樣的角色？本書作者易強將娓娓道來，帶您一揭明代錦衣衛的神祕面紗。

◎大業風雲——隋唐之際的英雄們

徐連達／著

隋唐之際是中國歷史上的一個特殊時代。這是一個社會由治到亂、復由極亂到大治的轉變時代，至於什麼樣的人是英雄？才智過千萬人者？仗義濟難，急人所急者？放蕩不羈，不遵法度者？隋唐史專家徐連達教授用最通俗、大眾的筆法，描寫這個風雲際會、英雄輩出的時代，將原本生硬、艱深的歷史典籍轉化為現代人能接受的語言文字，歷數隋煬帝楊廣、唐太宗李世民、李密、王世充、竇建德、李勣、魏徵、平陽公主、尉遲敬德、秦叔寶等歷史人物的英雄事蹟，並提出作者個人的獨到見解，給人耳目一新之感。

◎古代中國文化講義

葛兆光／著

這是一本關於古代中國文化的入門書。首先要討論古代中國的天下觀，看看中國是如何理解自身在世界的位置。接著來認識古代的婚禮和喪禮，要通過它看看古代中國的家族生活與倫理，孔子和儒家又是怎樣從這種倫理基礎上，拓展並形成政治學說。還要介紹佛教的傳入，以及它如何影響中國人的思想，並從觀音信仰和禪宗學說，看到佛教如何成為中國文化的一部分。此外當然還要認識一下道家與本土的道教，在討論道家的人生態度與生命觀念之外，也介紹道教追求永生和幸福的知識。

◎立體的歷史——從圖像看古代中國與域外文化

邢義田／著

所謂立體的歷史，是三度空間整體的歷史畫面，由(1)文字和非文字的材料、經(2)歷史研究和寫作者的手，傳遞給(3)讀者，三者互動而後產生。歷史學家是畫面的生產者，也是傳遞者。讀者心中能有怎樣的畫面，是否生動立體，一方面取決於讀者自己，一方面也取決於傳遞者的喜好、能力、訓練、眼光以及據以建構的畫面。希望讀者們閱讀本書時，能夠看到一些不同於過去、富於縱深的歷史畫面，盡情遨遊於「立體的歷史」中。

國家圖書館出版品預行編目資料

華裘之蚤：晚清高官的日常煩惱／張劍著.——初版一刷.——臺北市：三民，2021
面；　公分.——(歷史天空)

ISBN 978-957-14-7256-0（平裝）
1. 生活史 2. 晚清史

637　　110012544

華裘之蚤：晚清高官的日常煩惱

作　者　張　劍
責任編輯　林昕平
美術編輯　陳奕臻

發 行 人　劉振強
出 版 者　三民書局股份有限公司
地　址　臺北市復興北路 386 號 (復北門市)
臺北市重慶南路一段 61 號 (重南門市)
電　話　(02)25006600
網　址　三民網路書店 https://www.sanmin.com.tw

出版日期　初版一刷 2021 年 12 月
書籍編號　S630650
ISBN　978-957-14-7256-0

本書中文繁體字版由中華書局（北京）授權出版
文化部核准字號：文化部部版臺陸字第 110126 號

三民書局